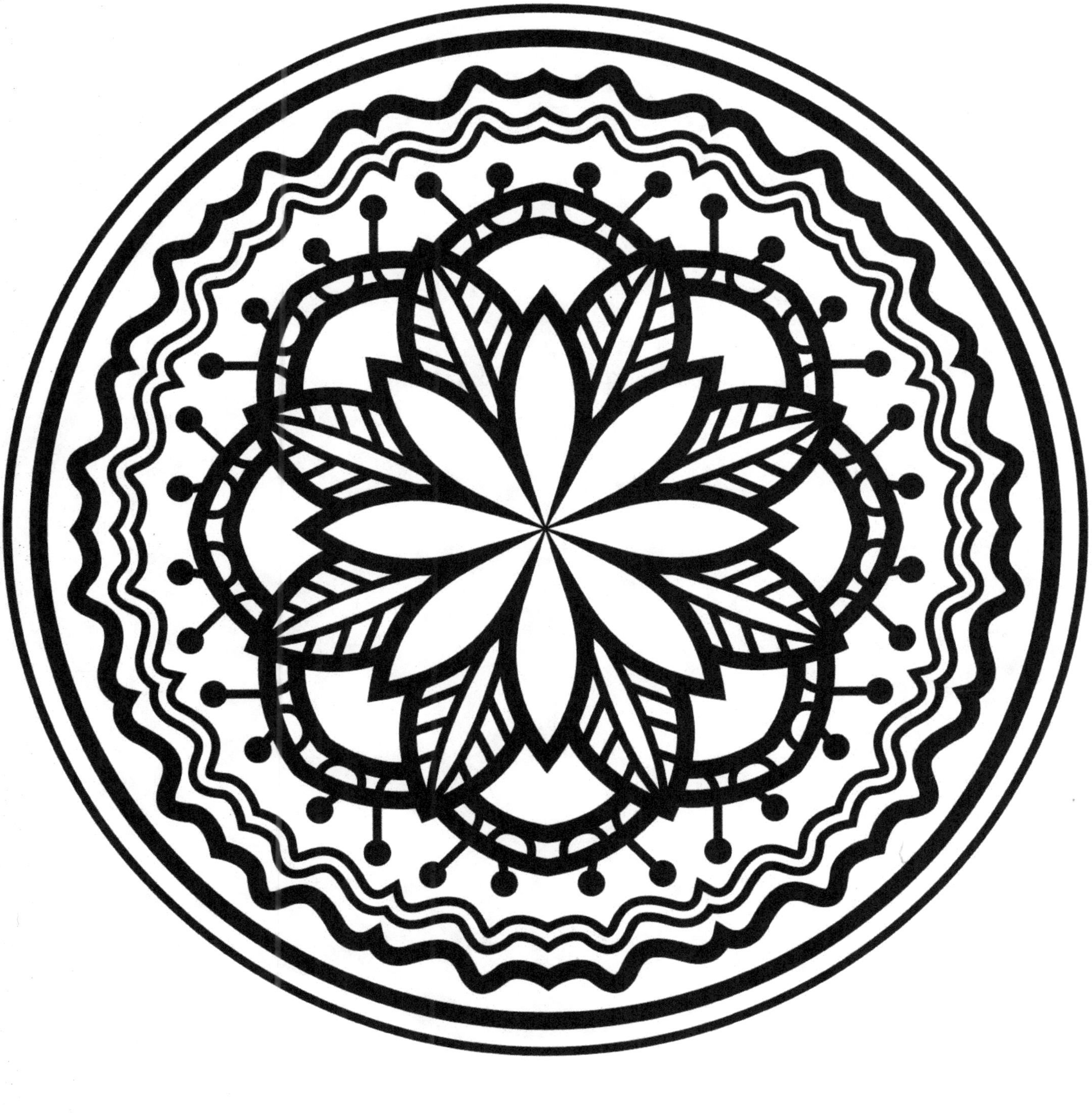

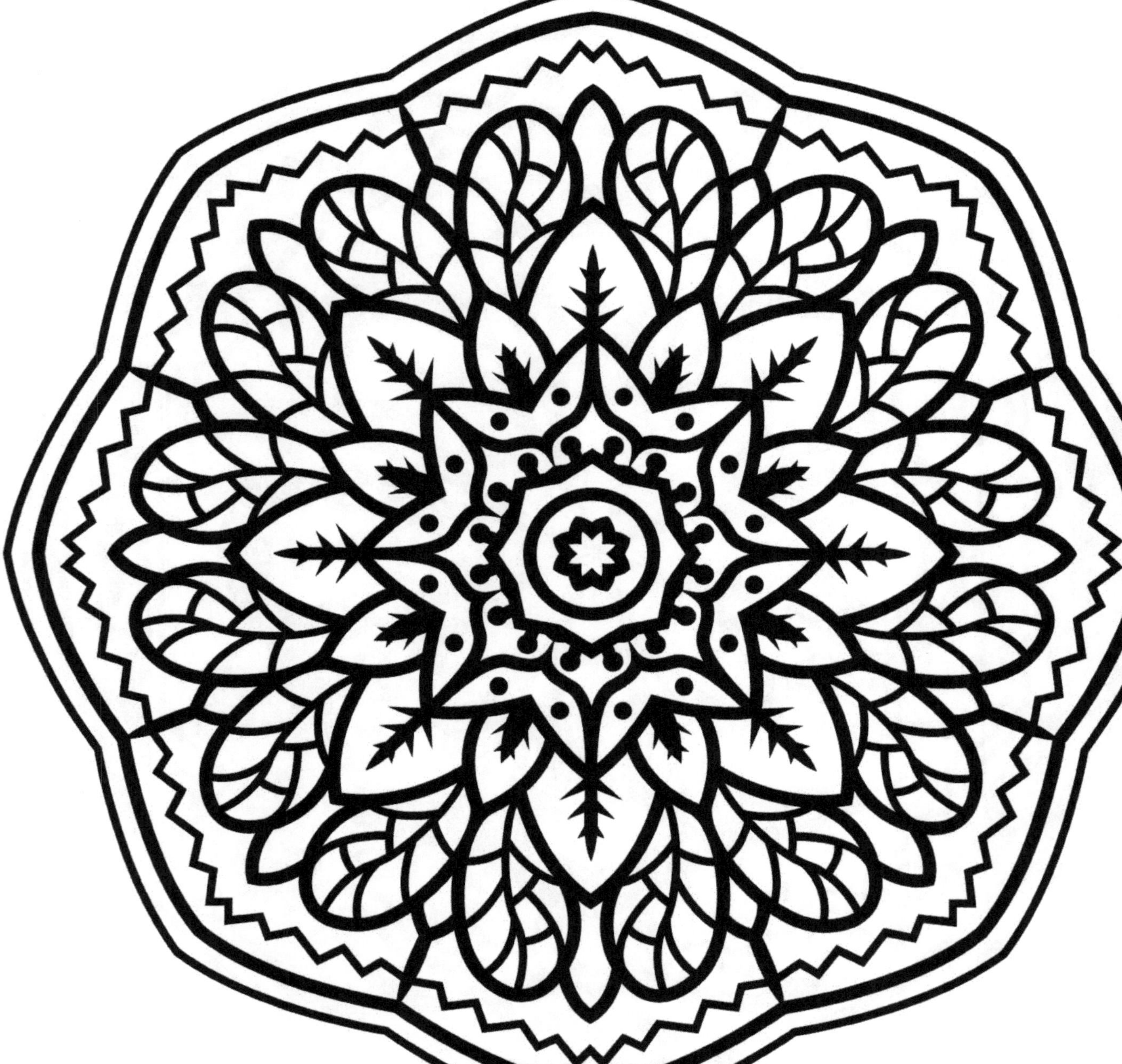

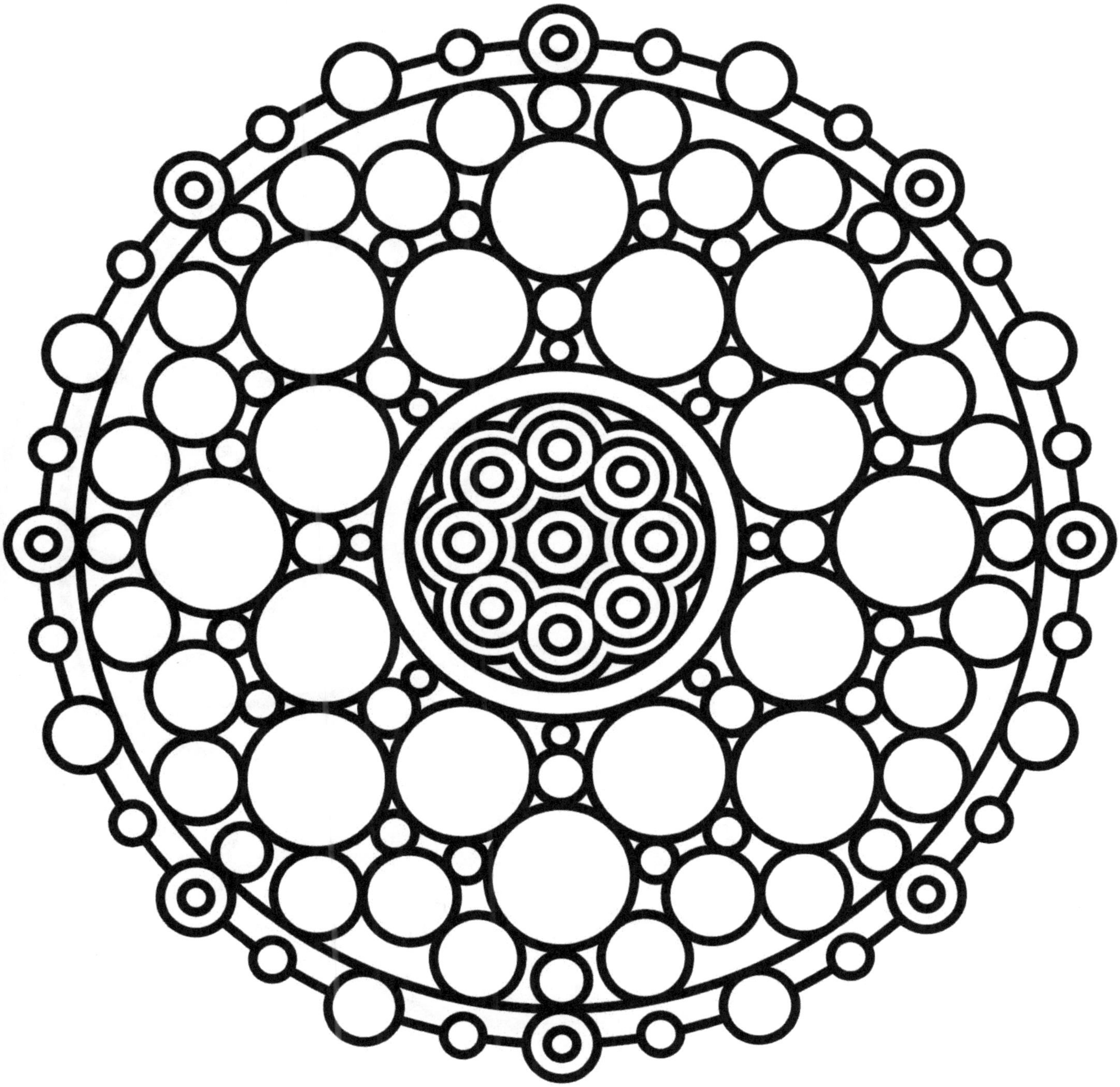

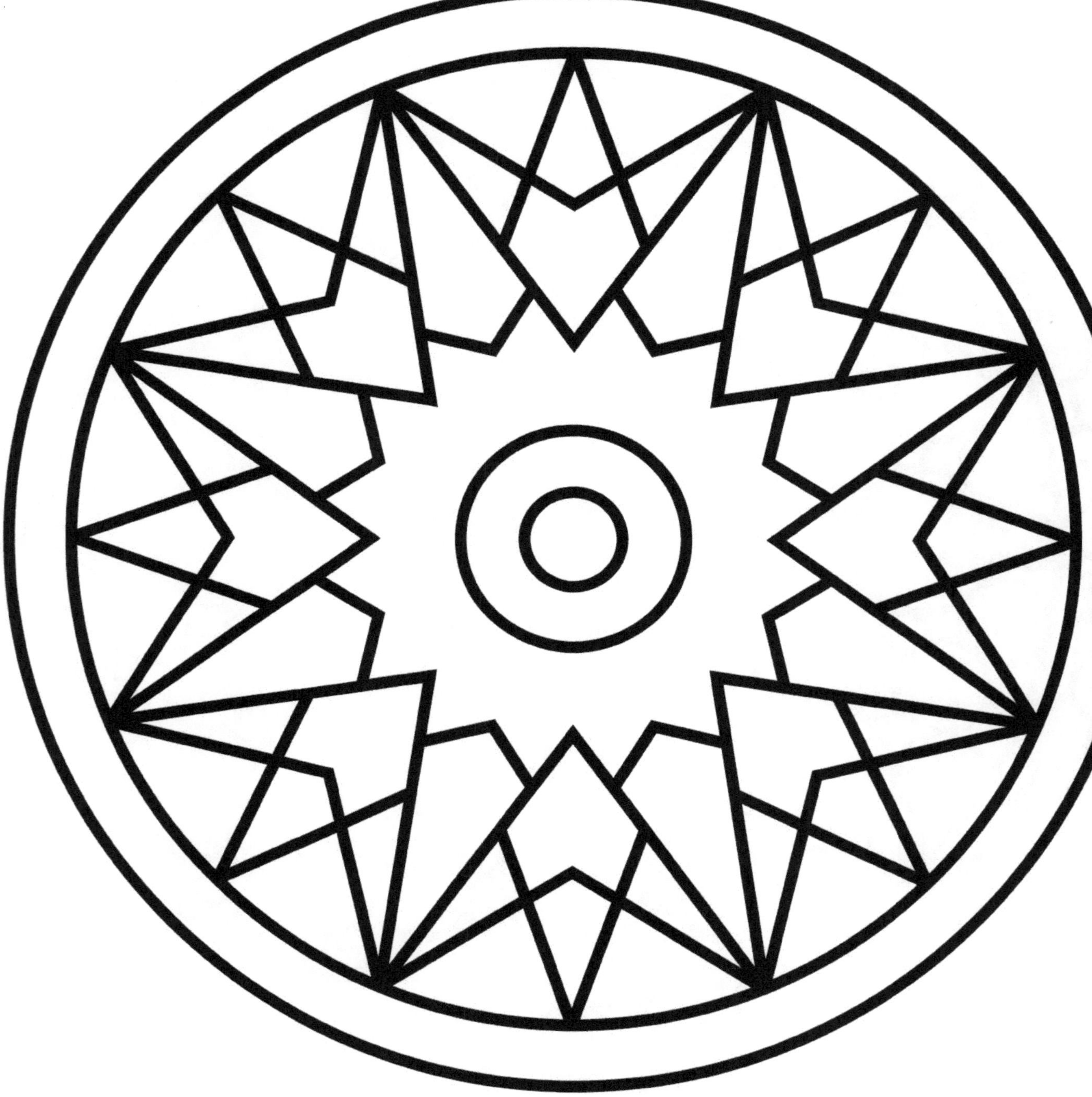

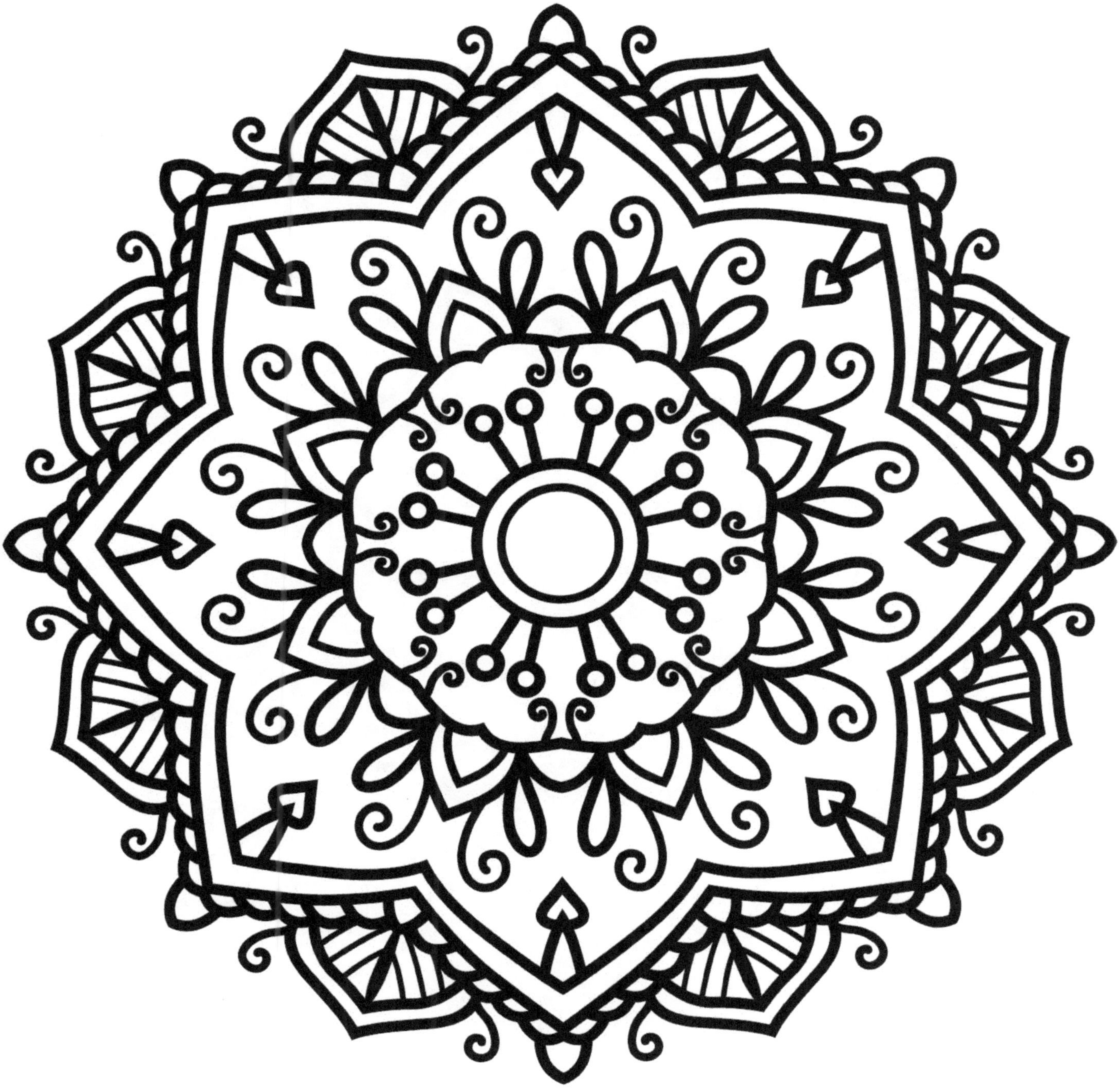

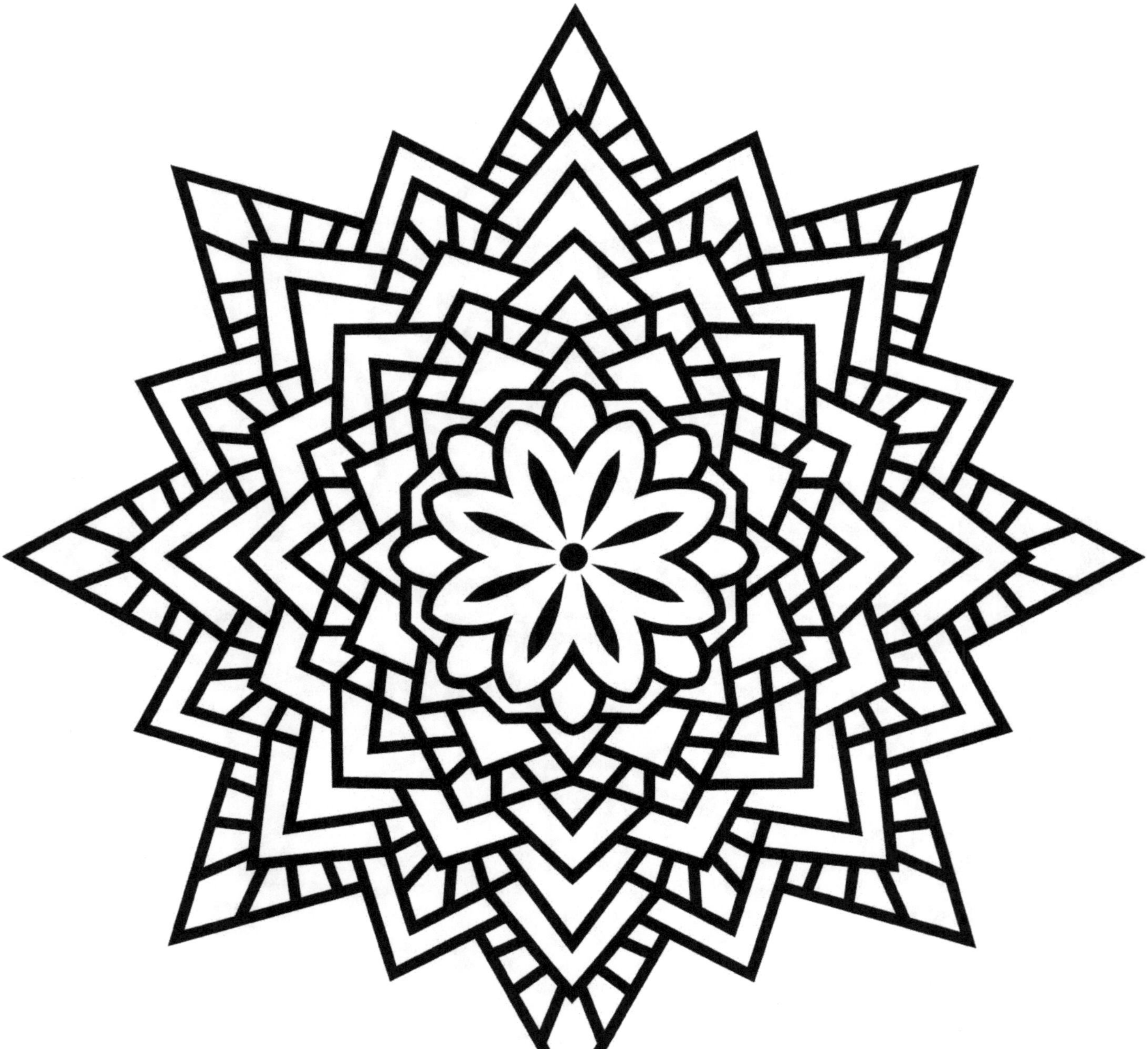

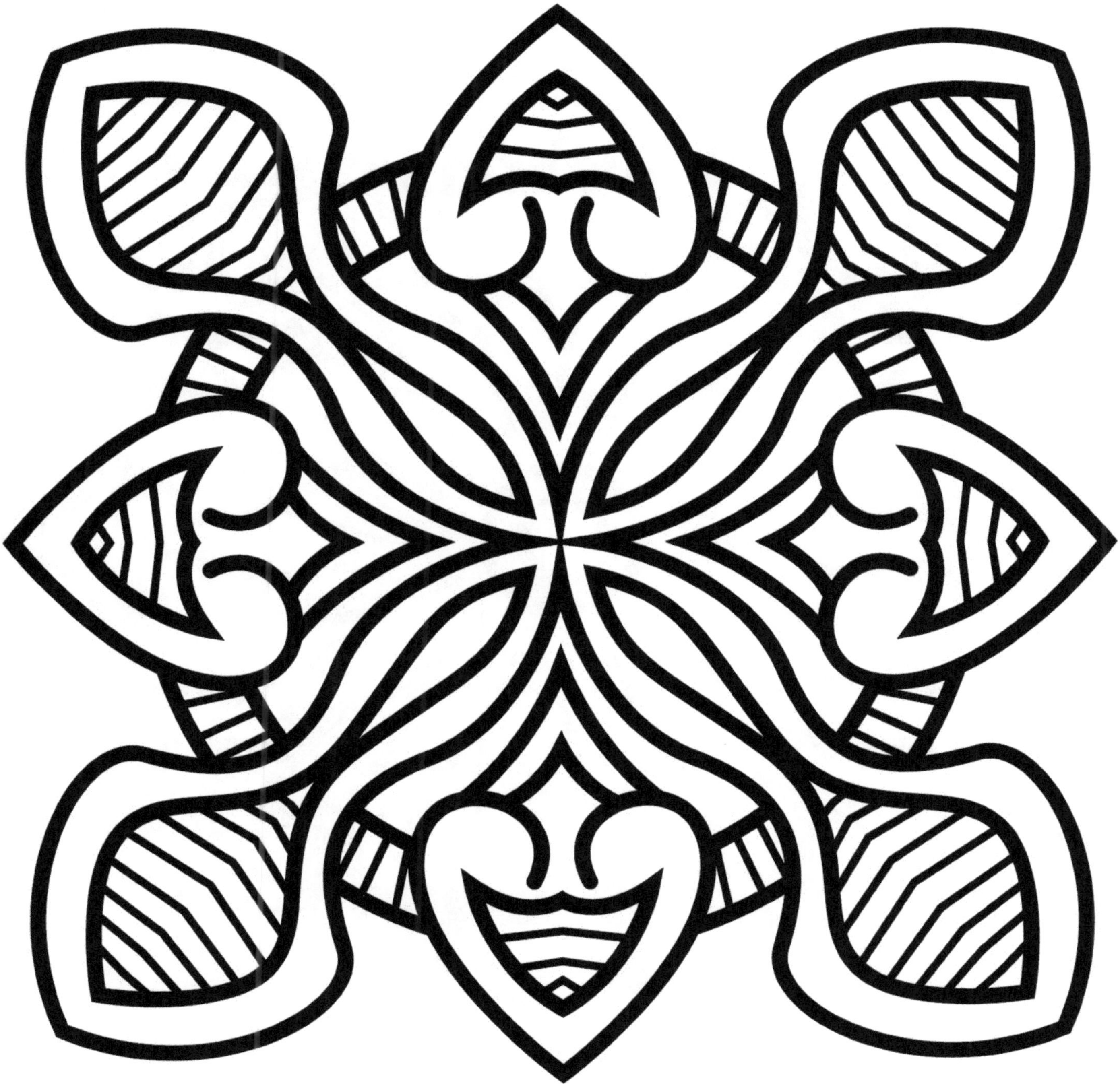

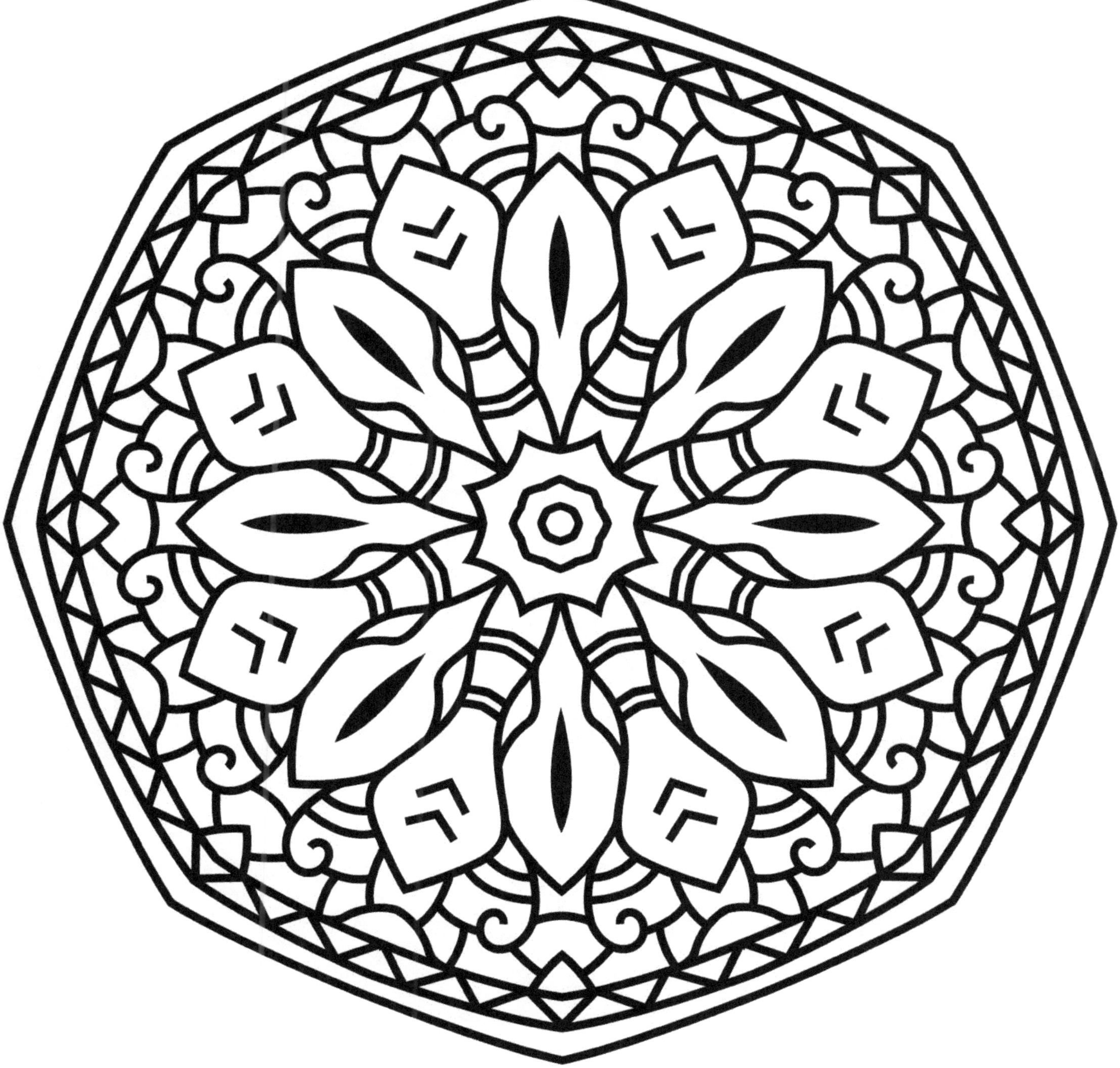

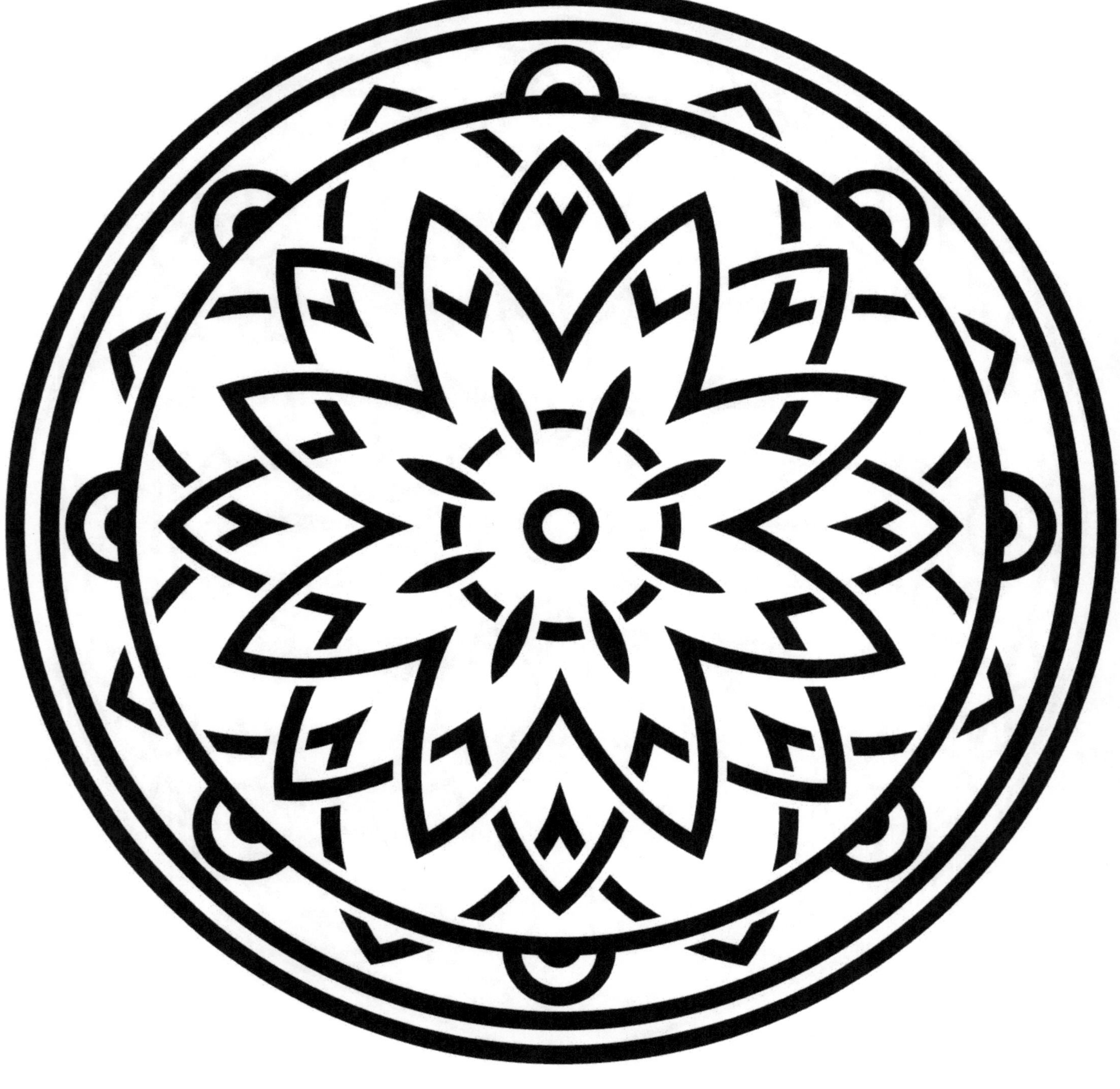

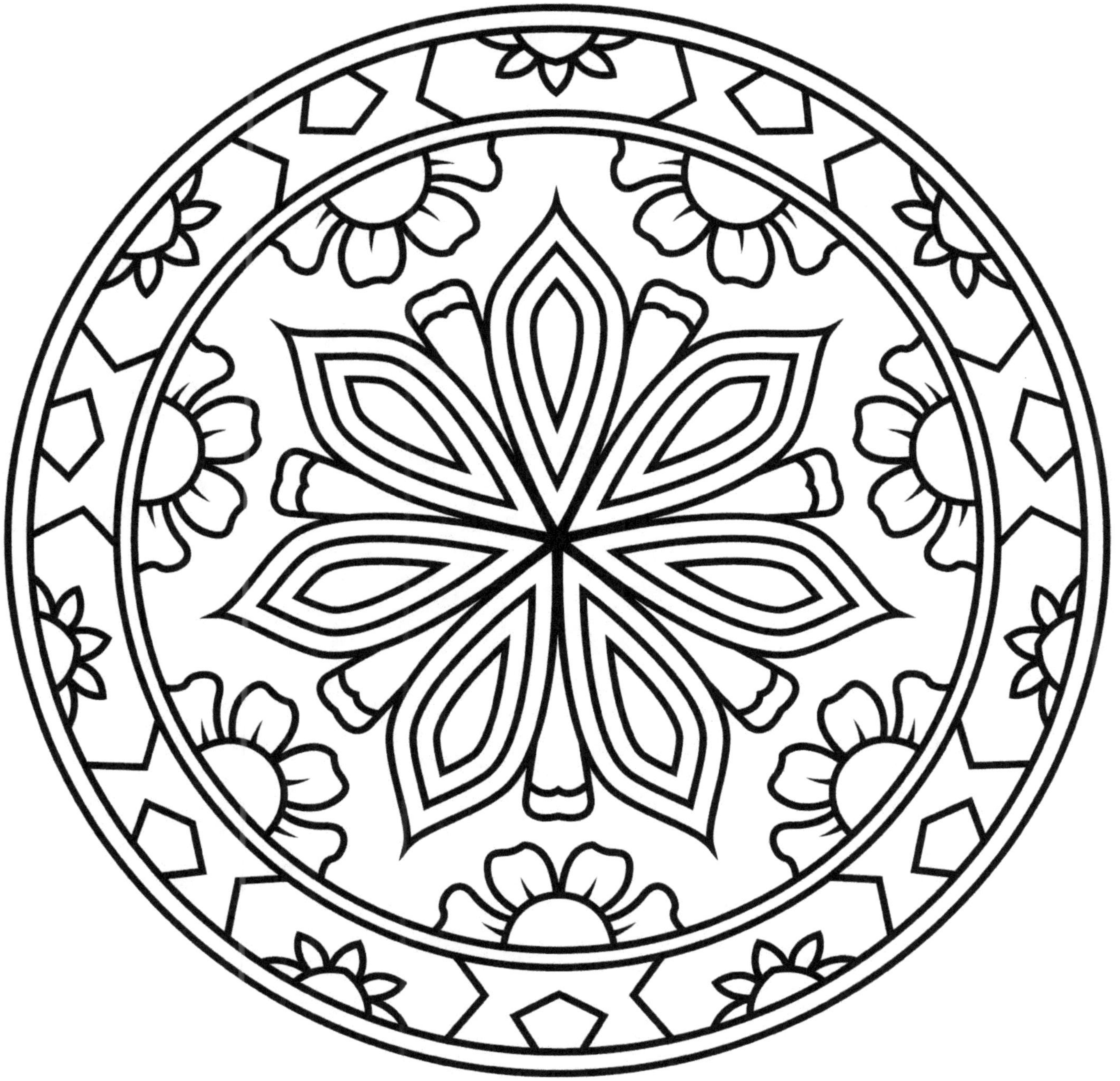

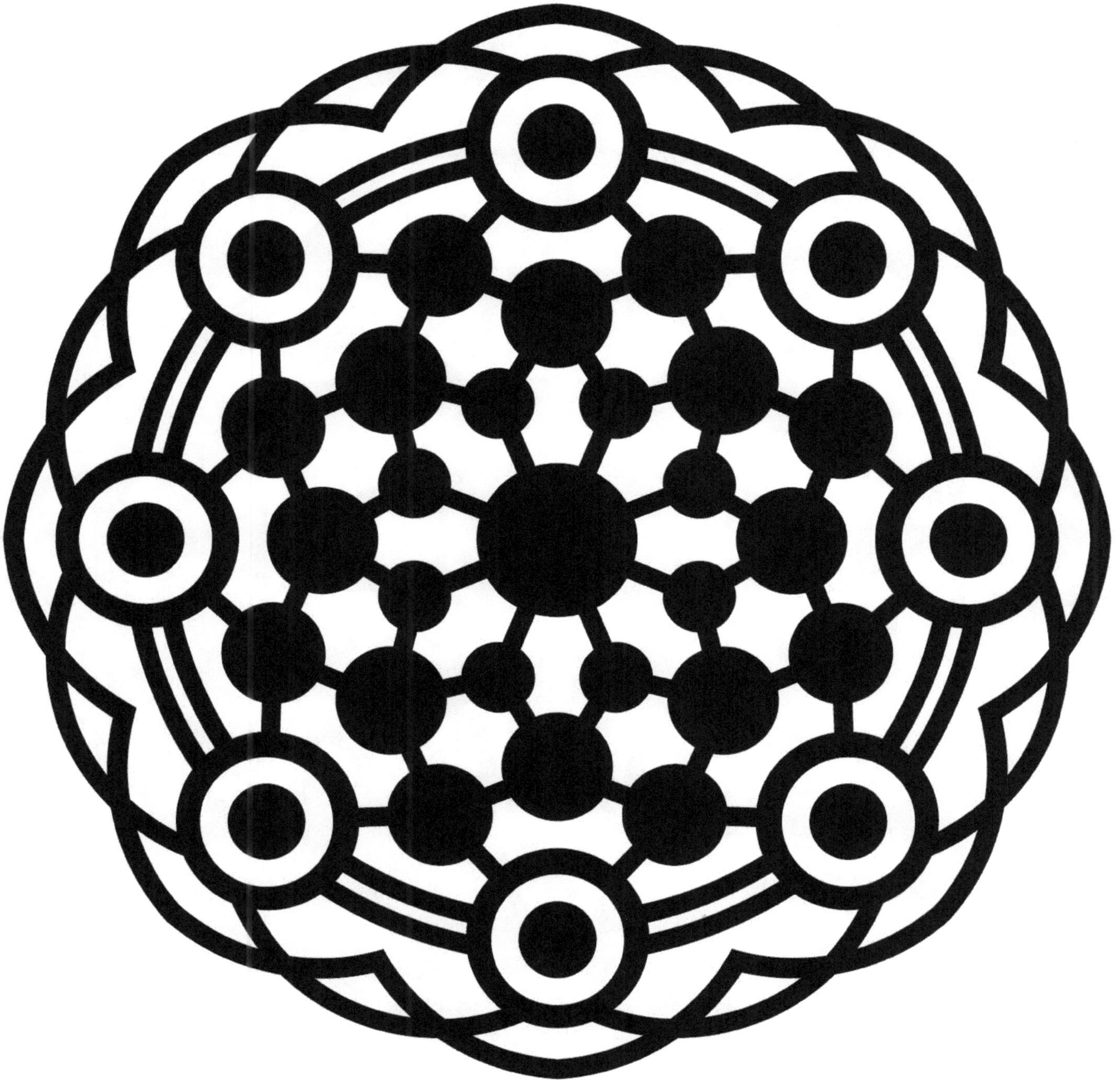

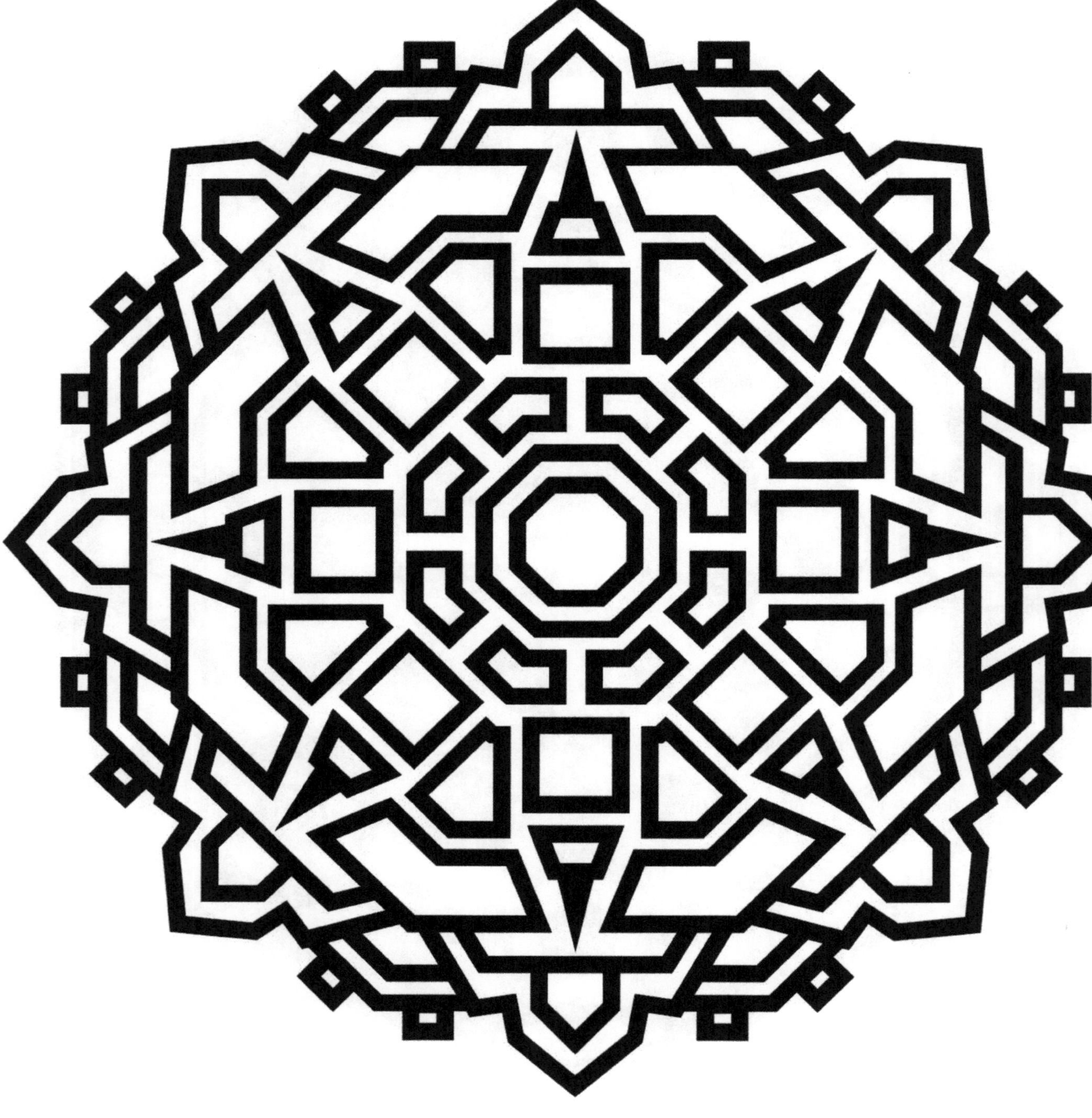

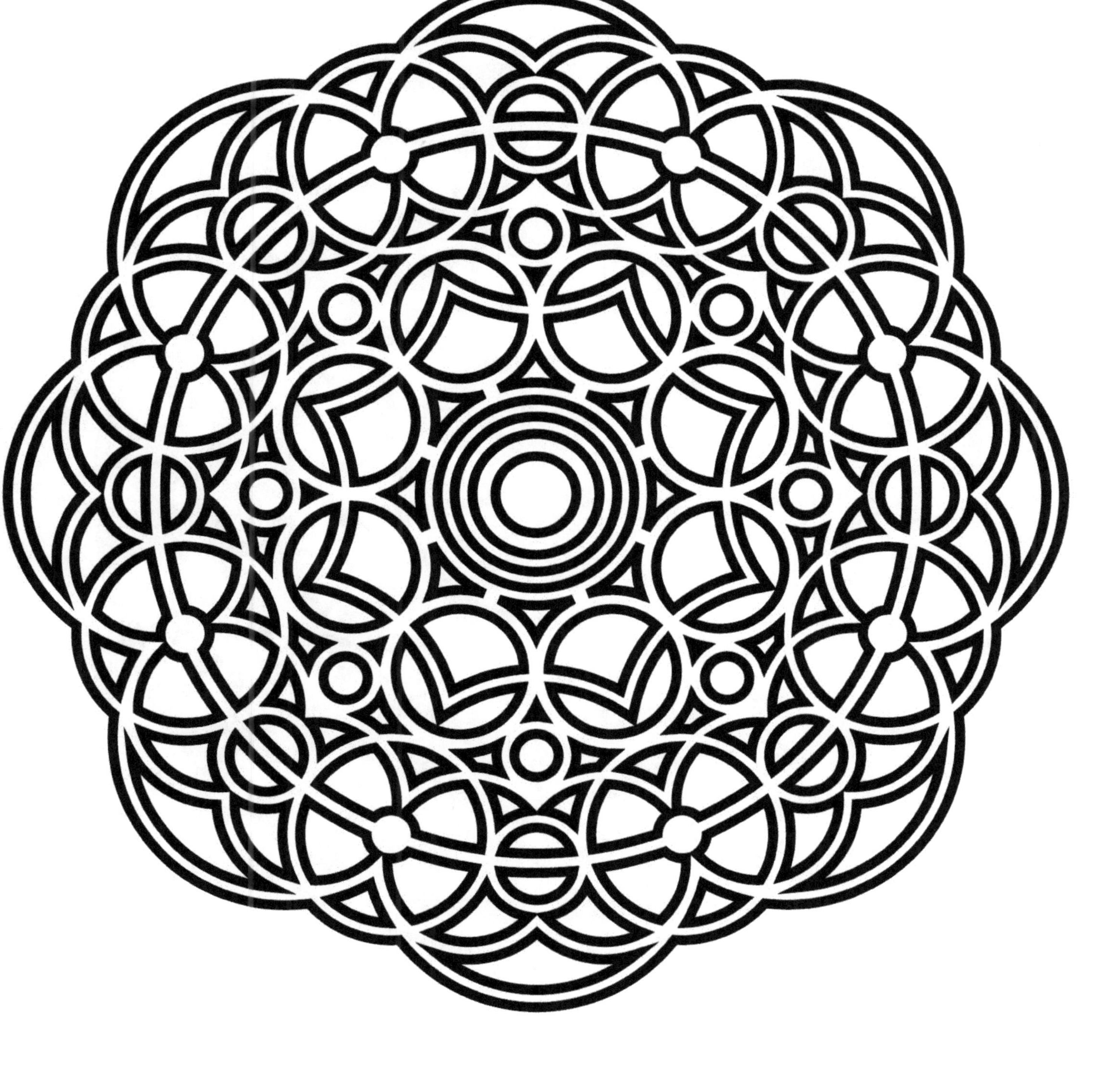

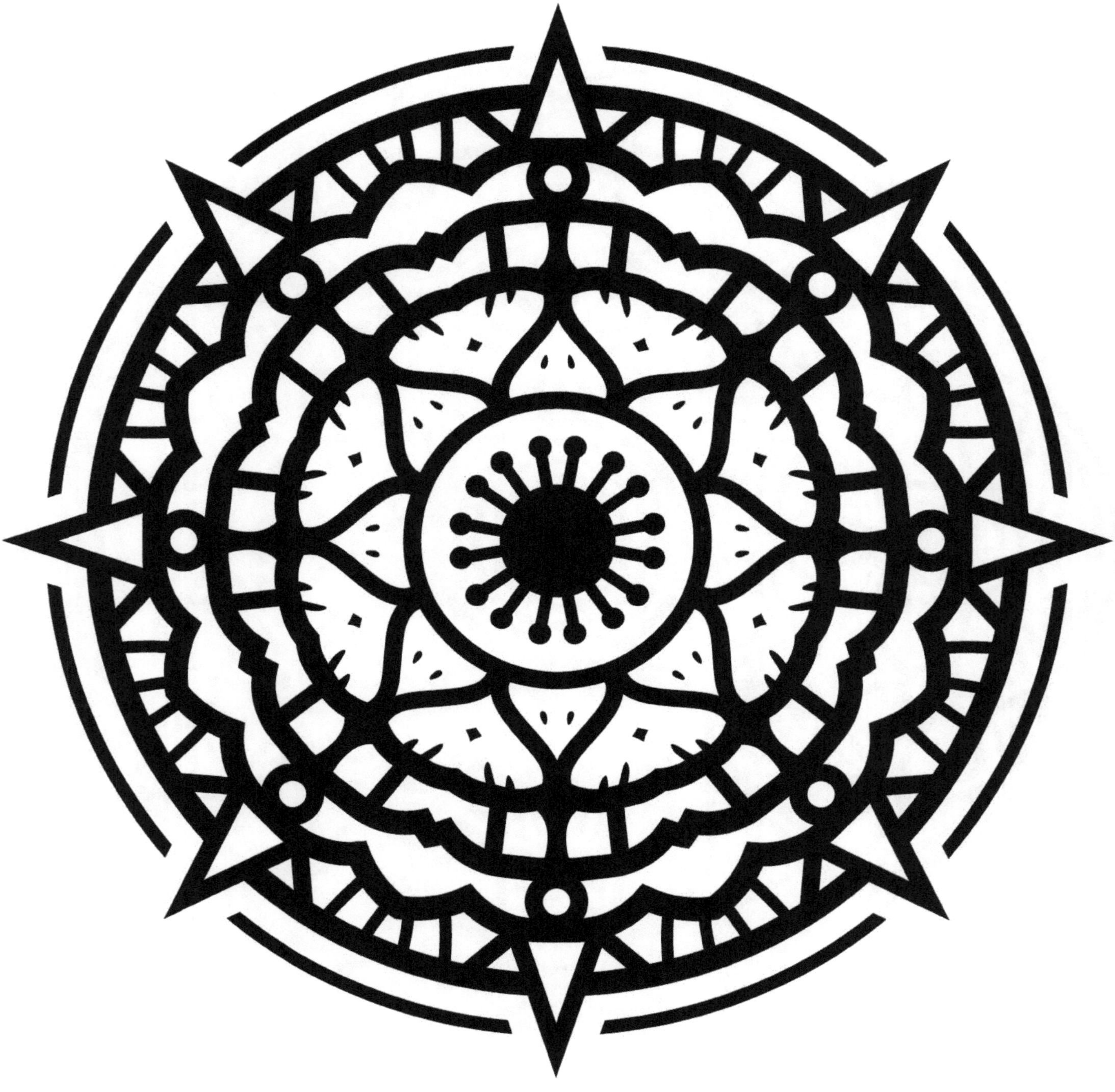

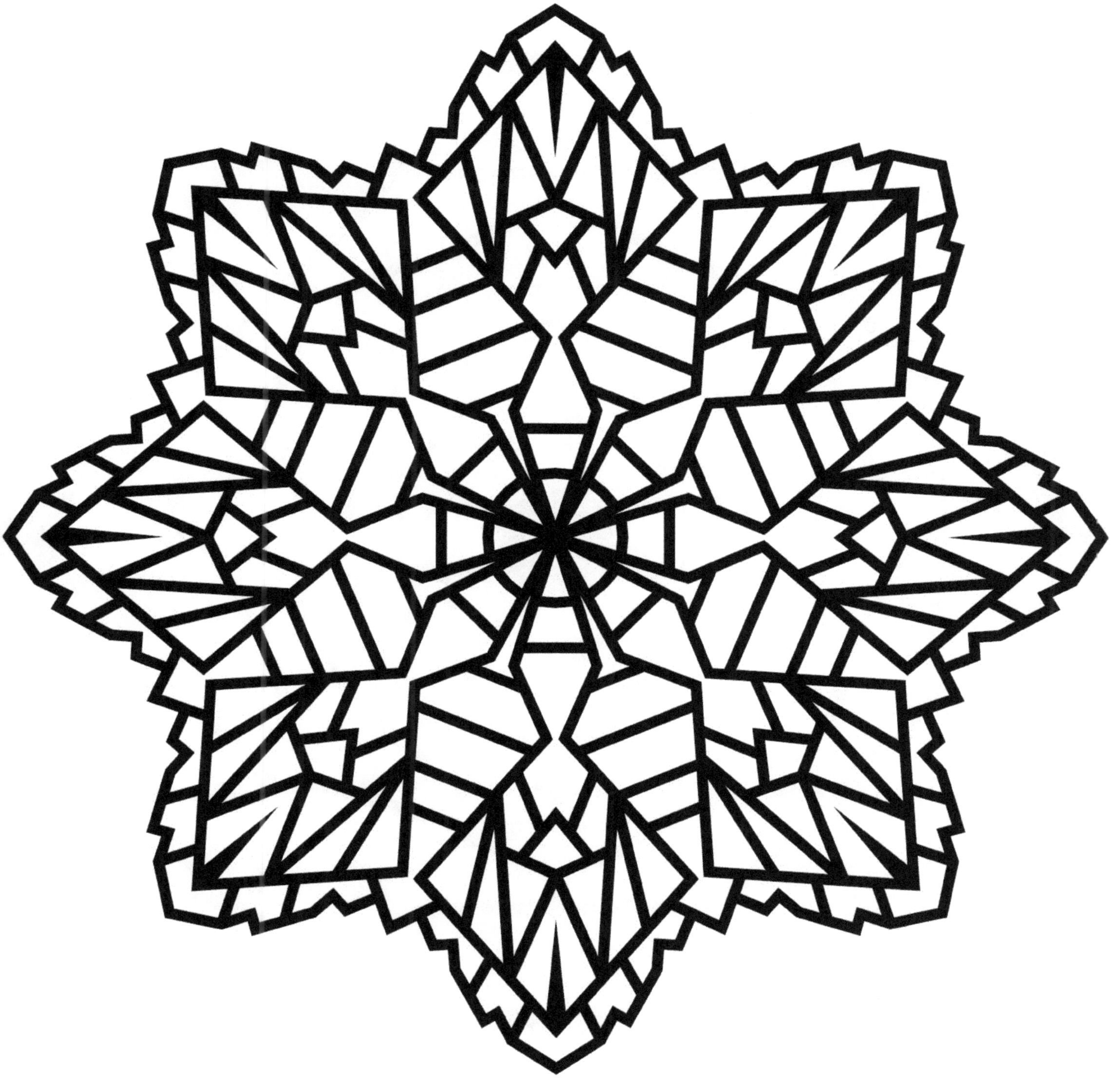

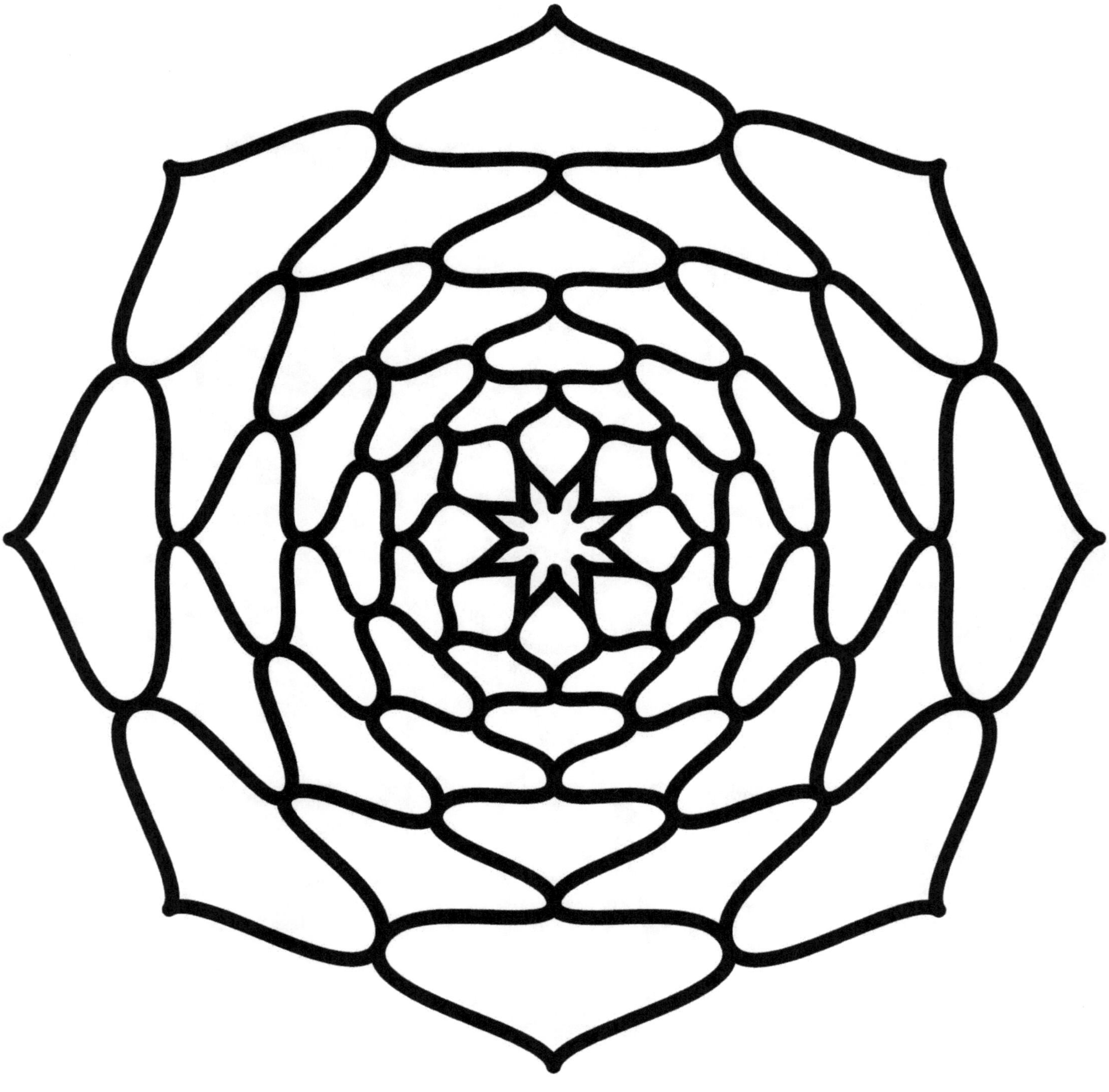

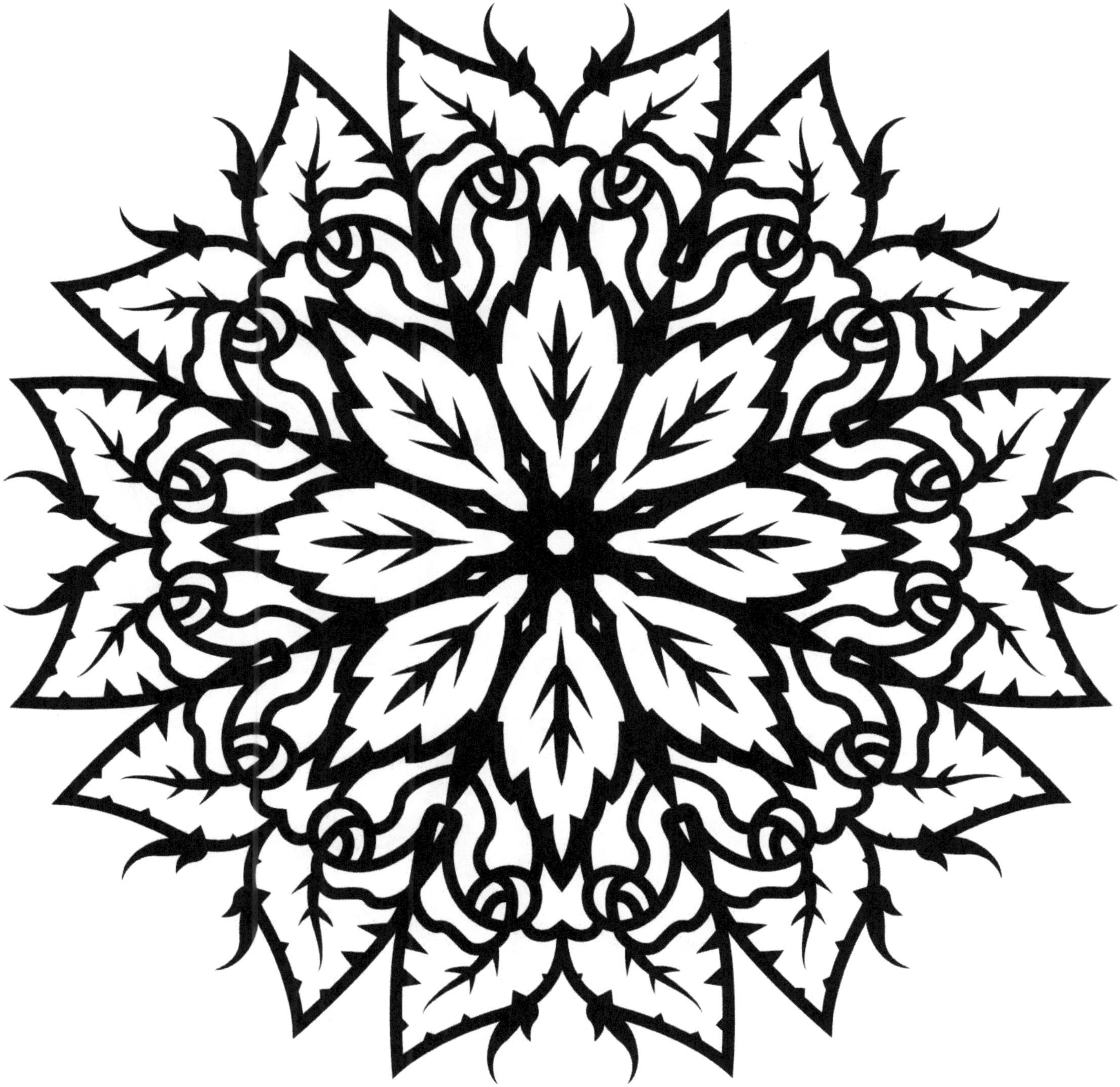

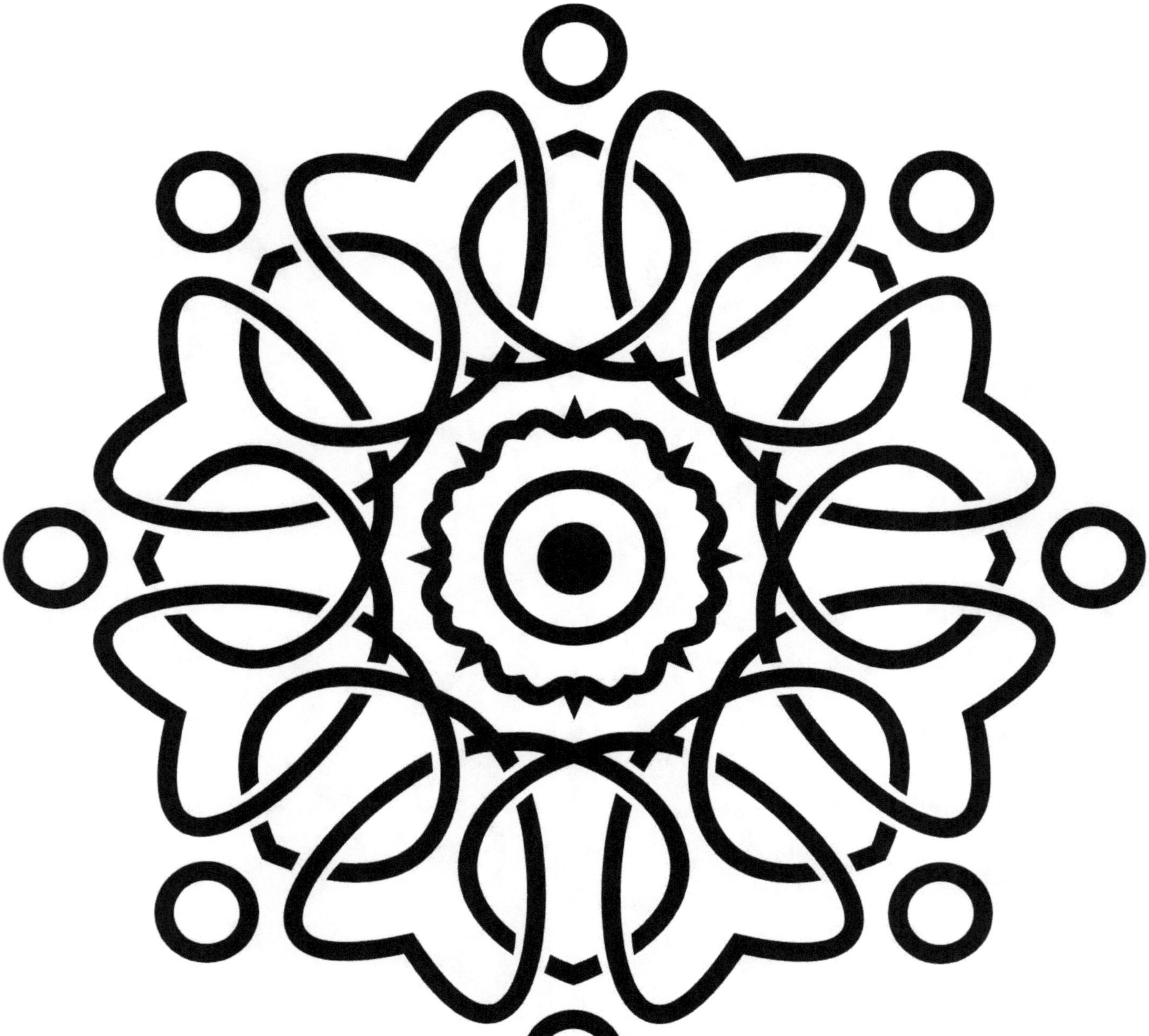

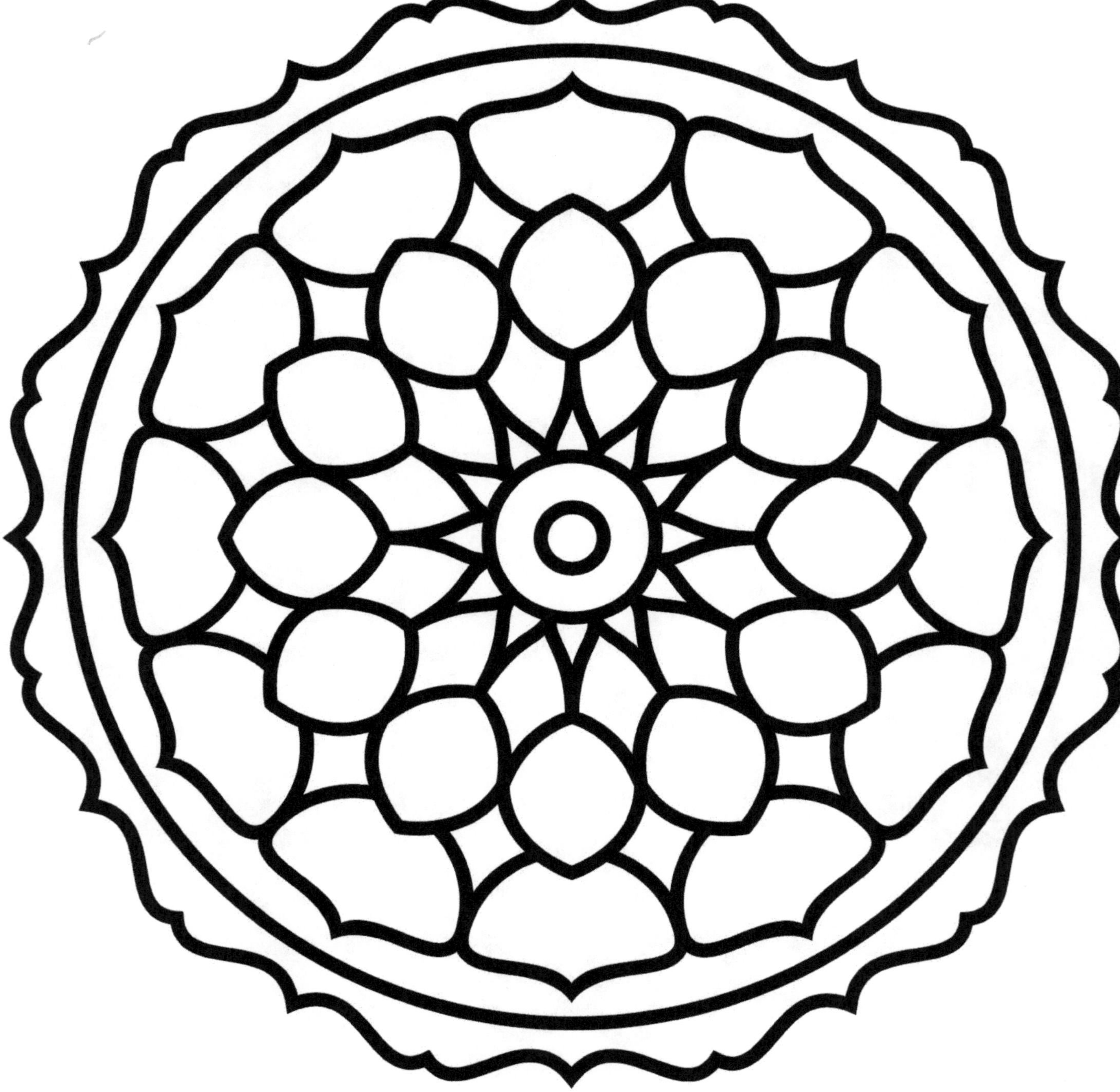

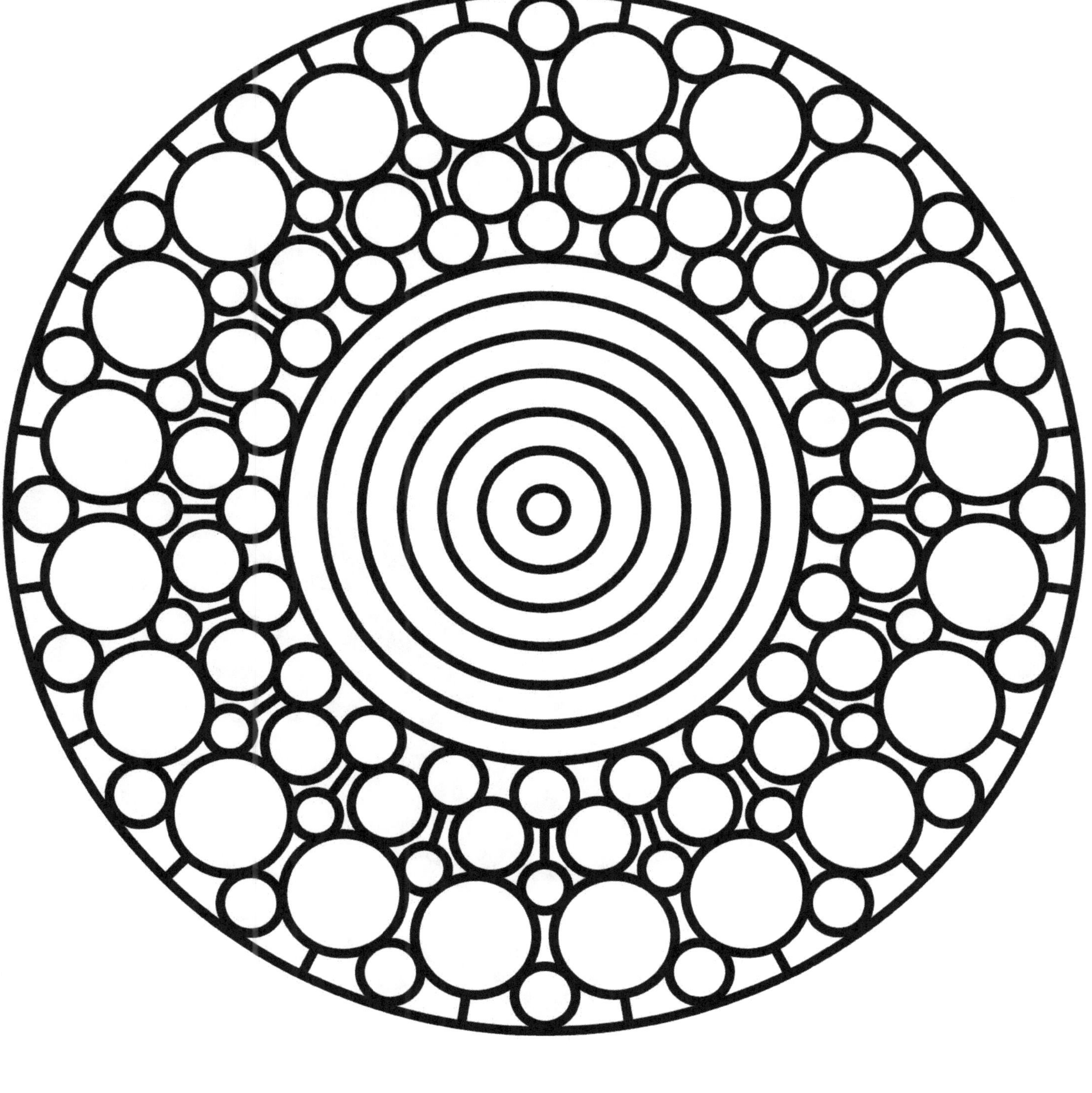

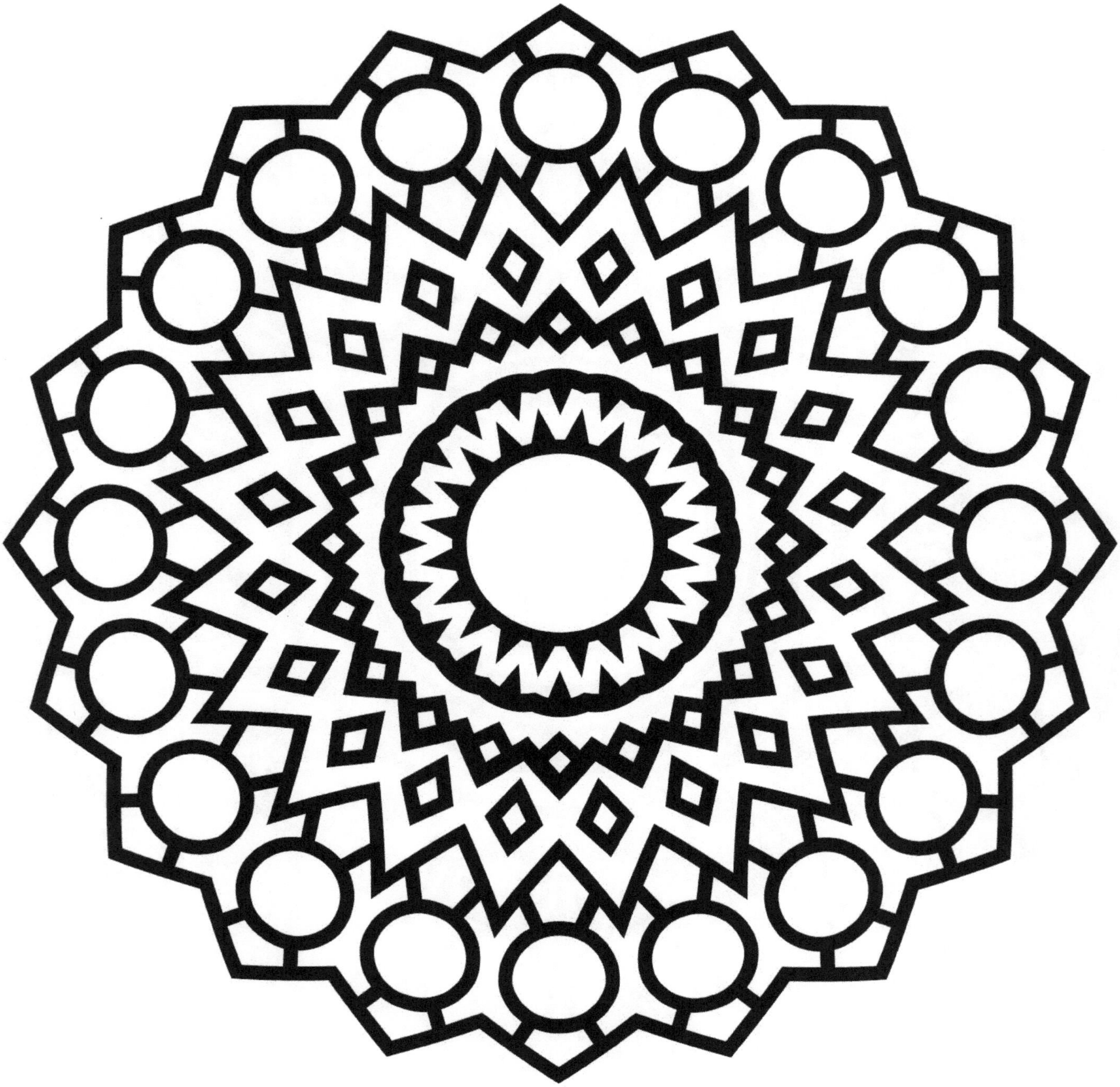

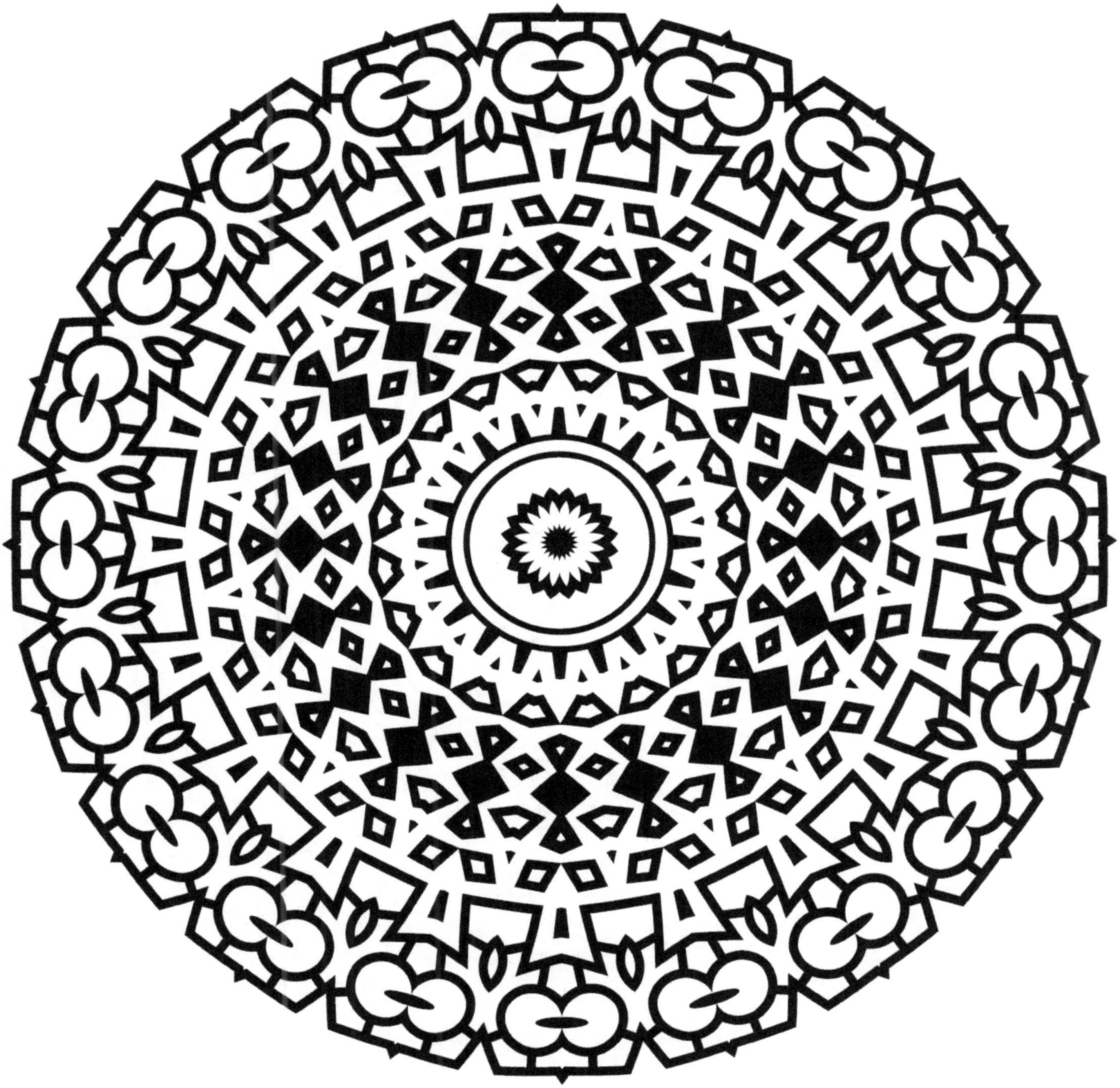

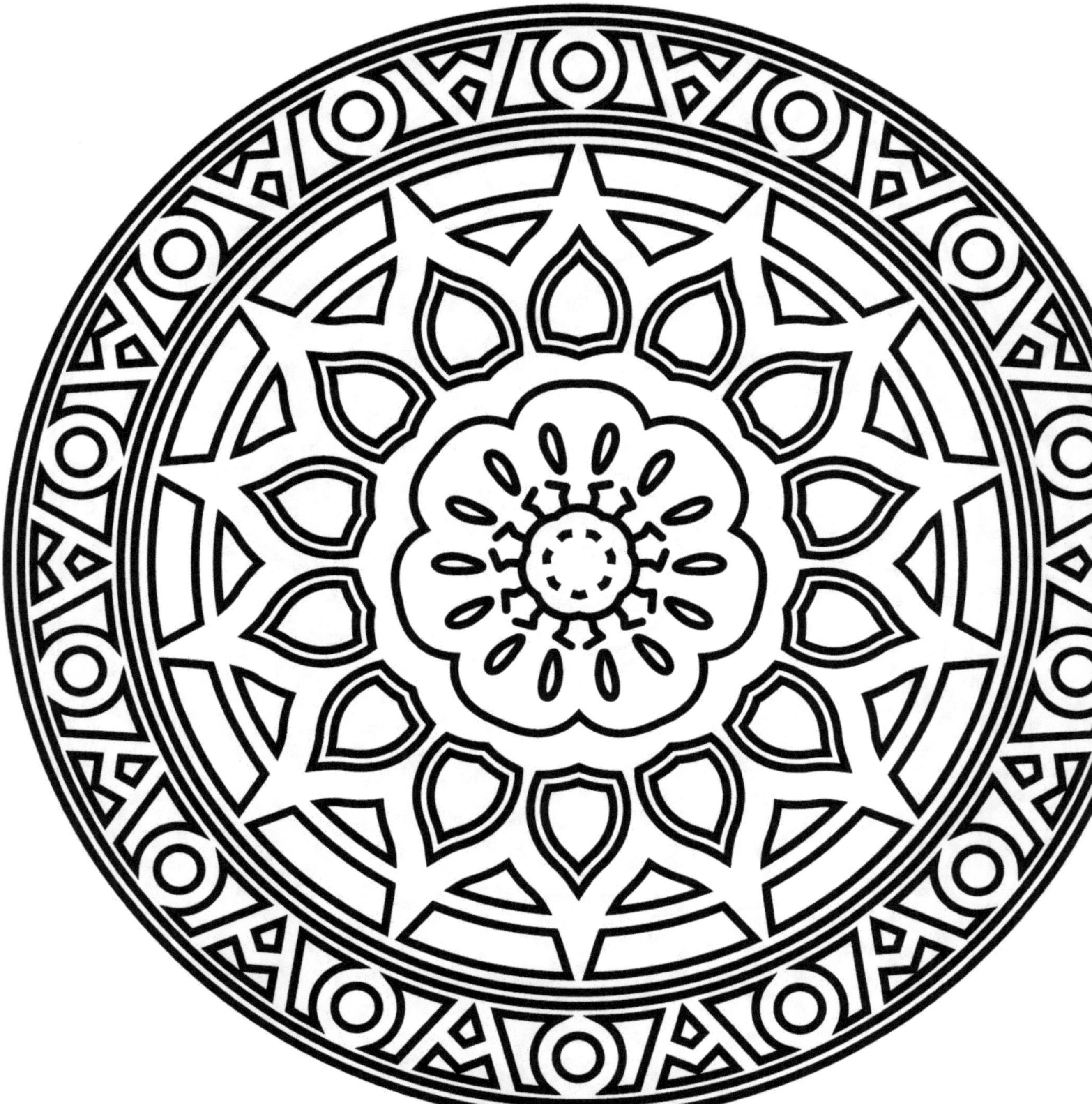

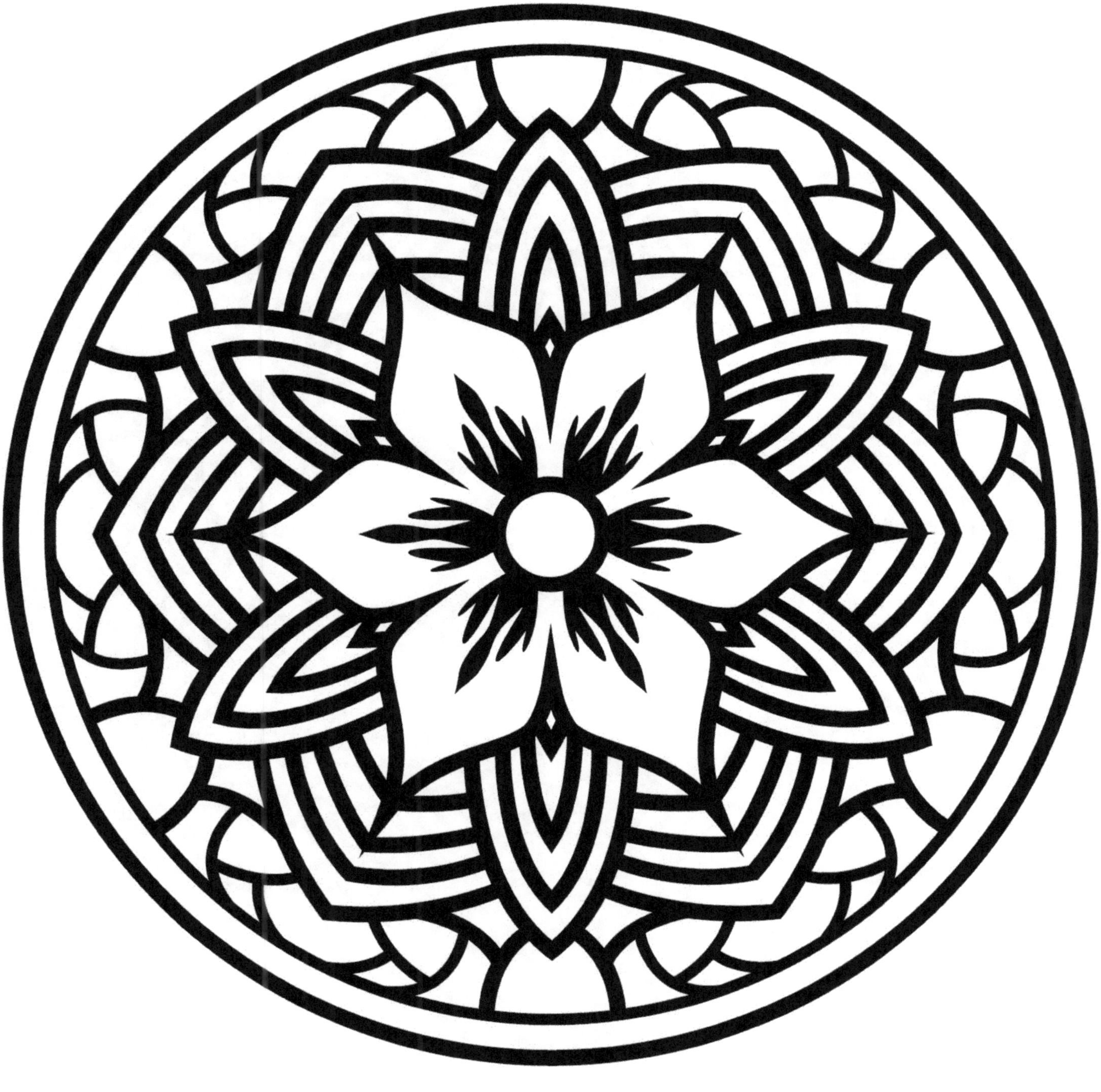

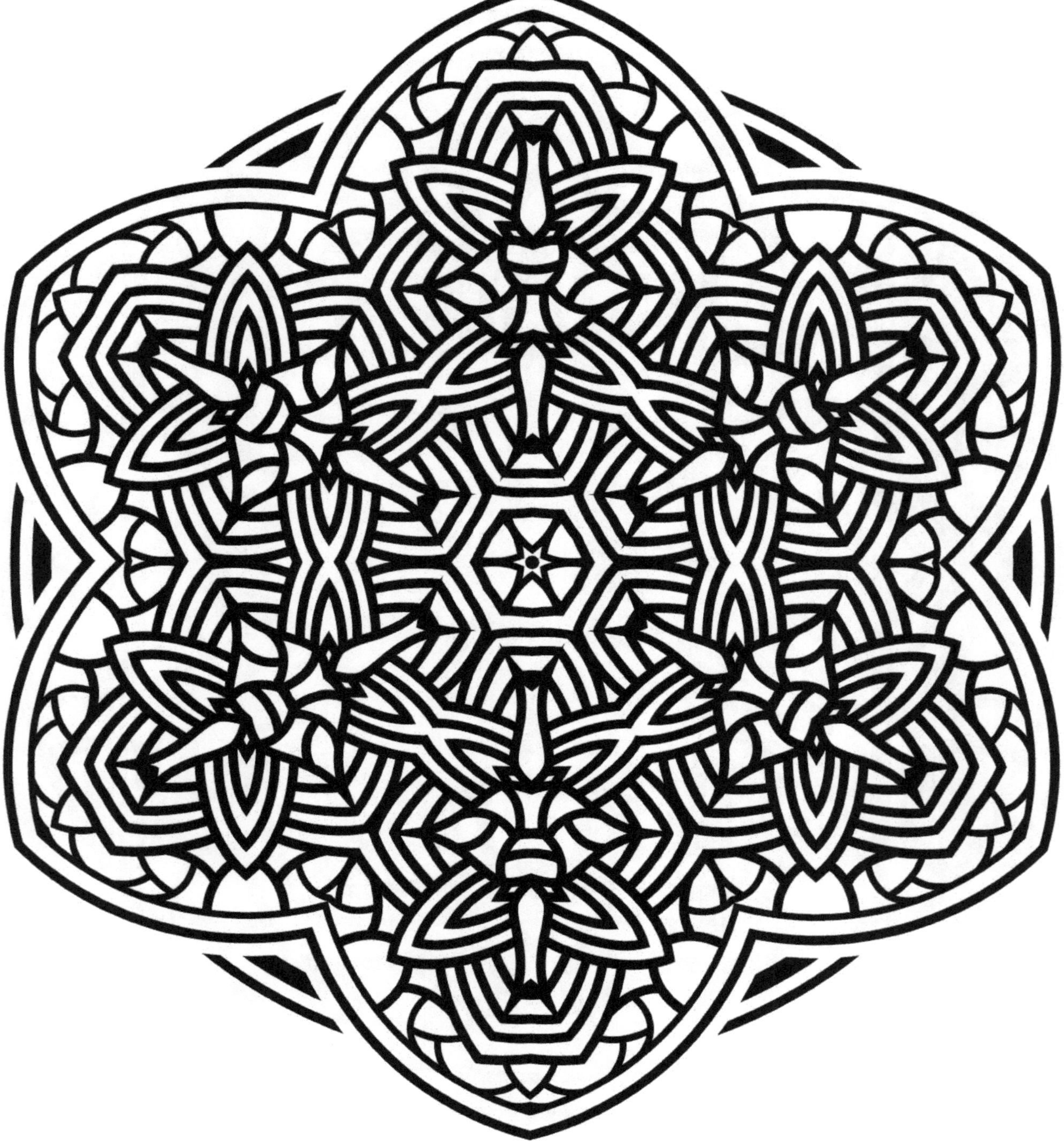

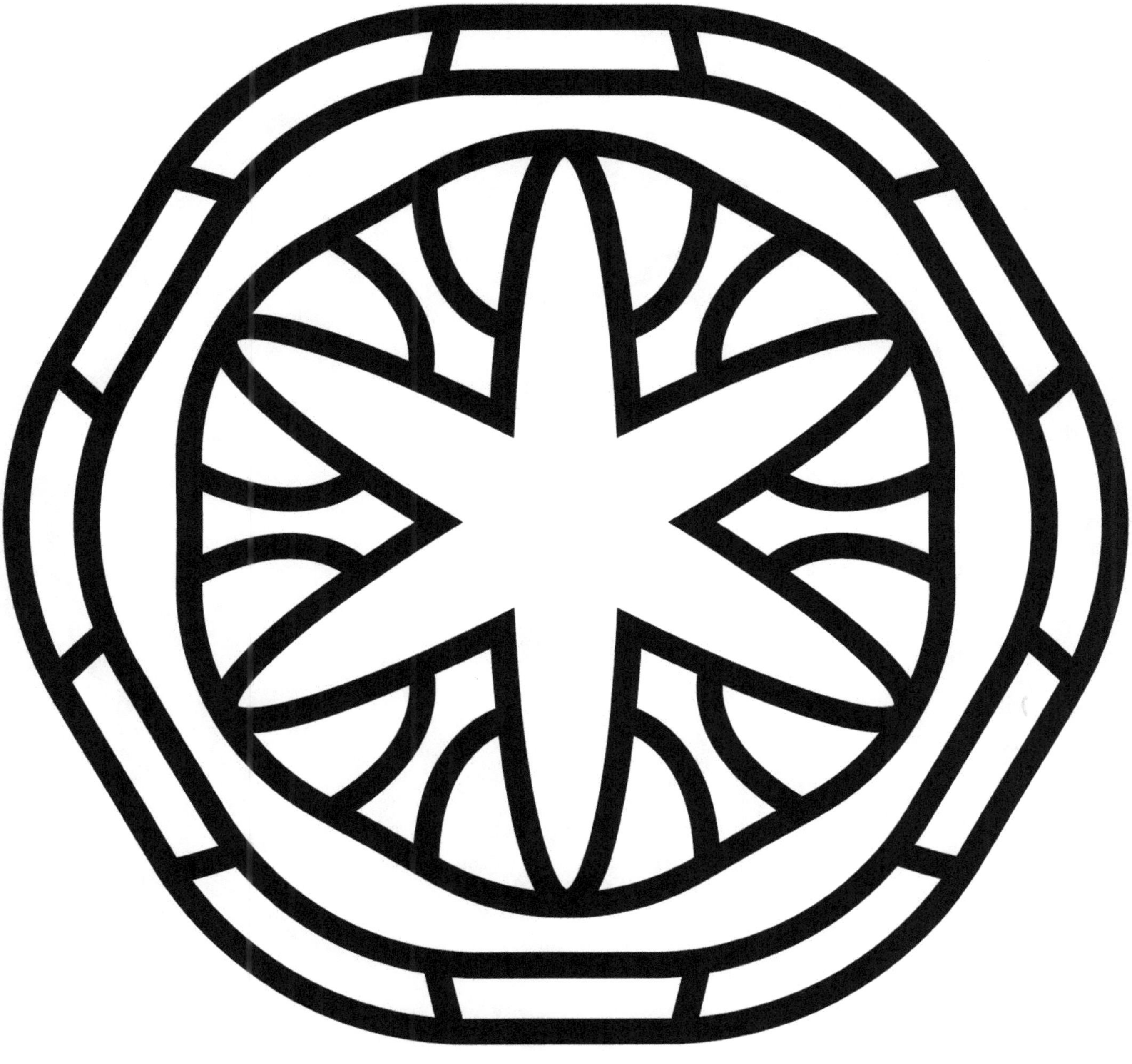

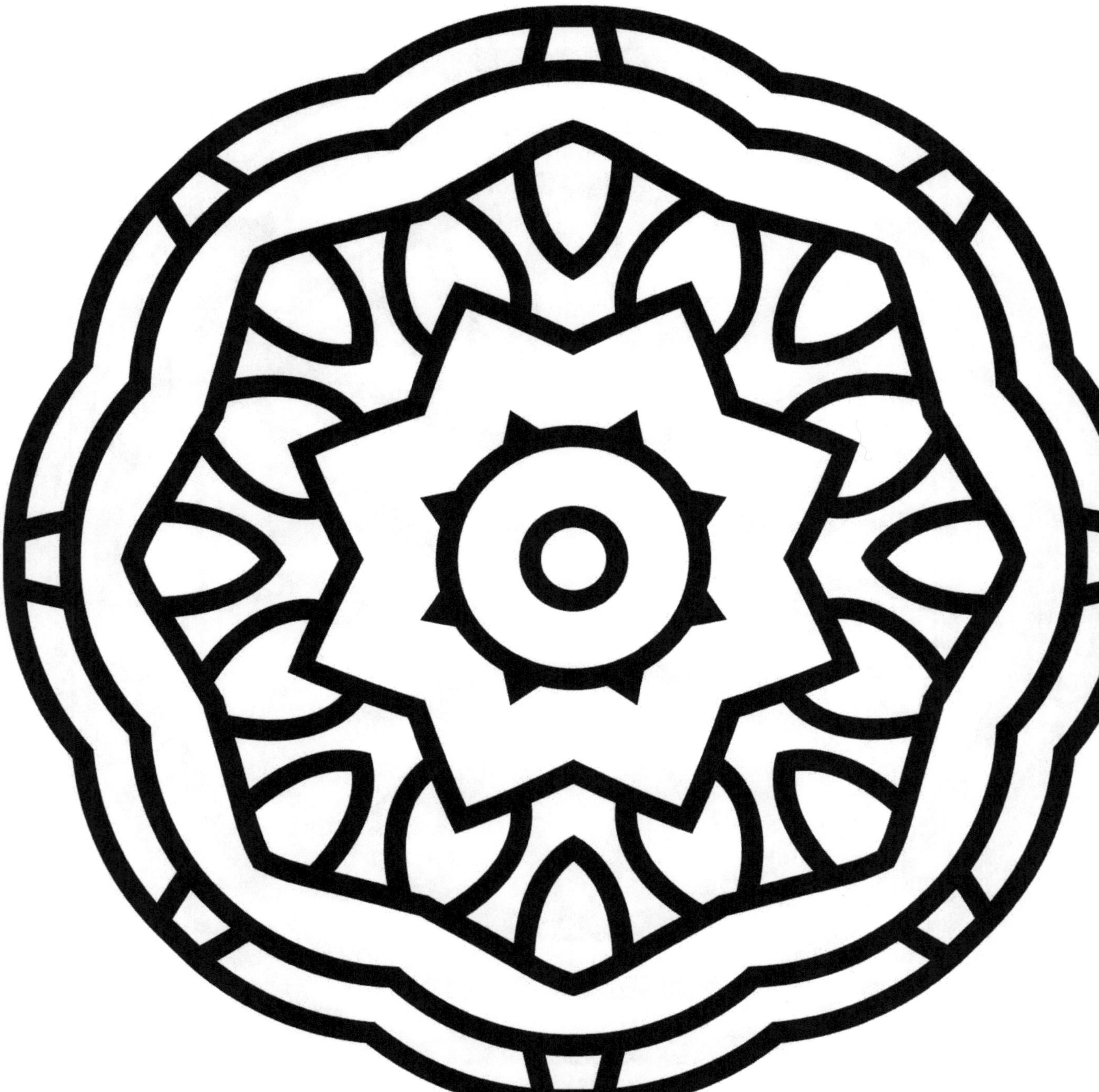

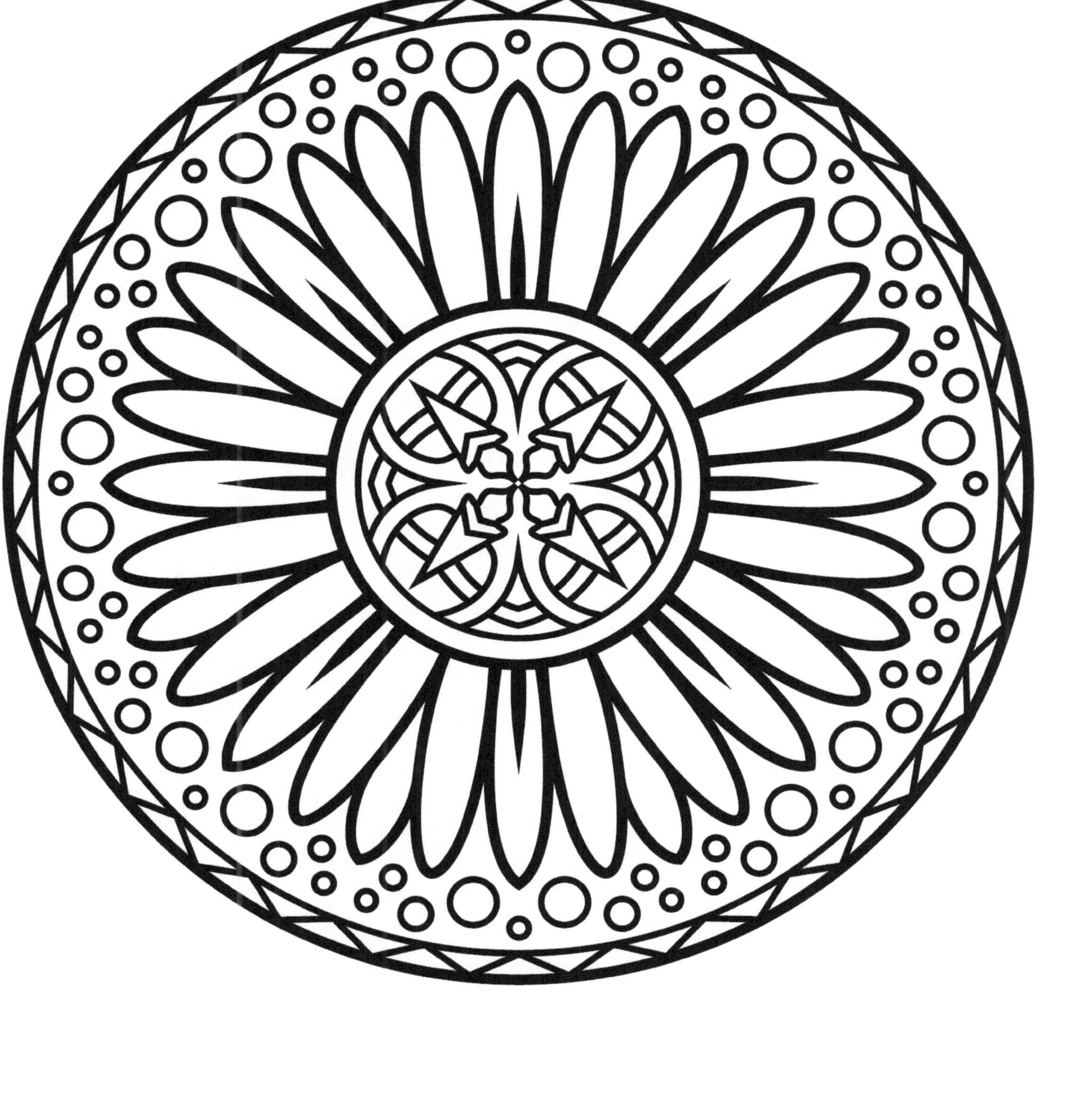

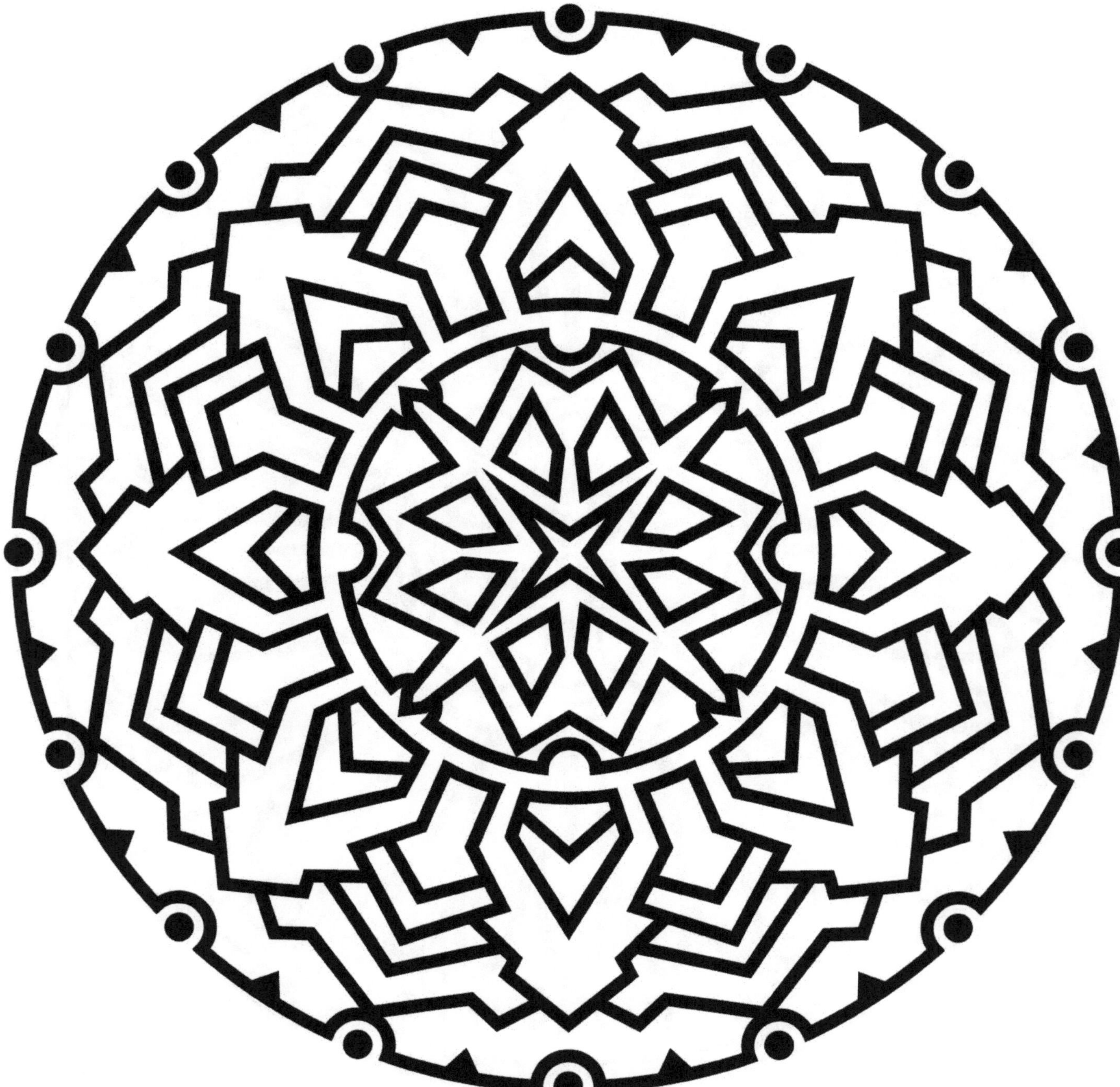

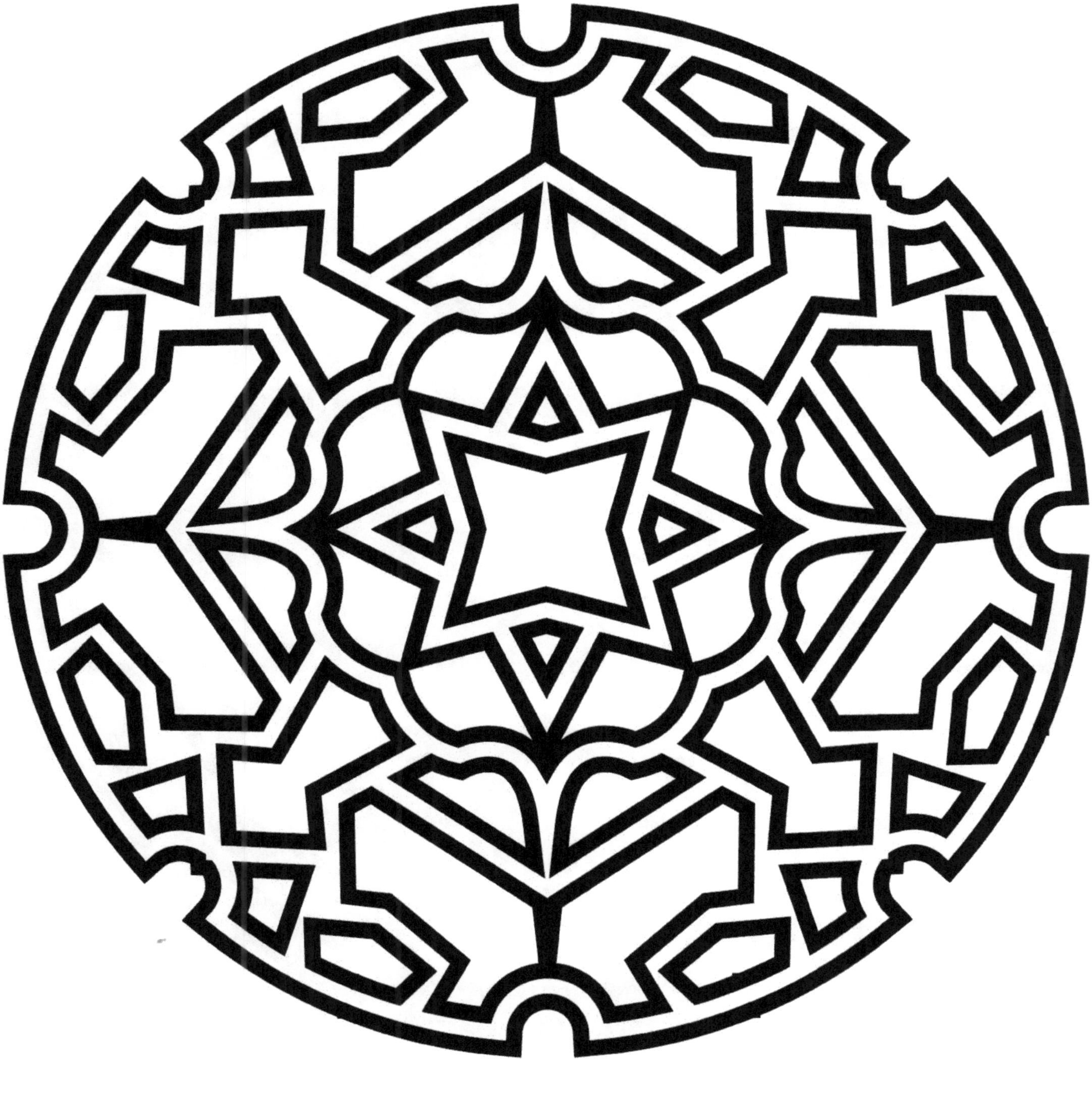

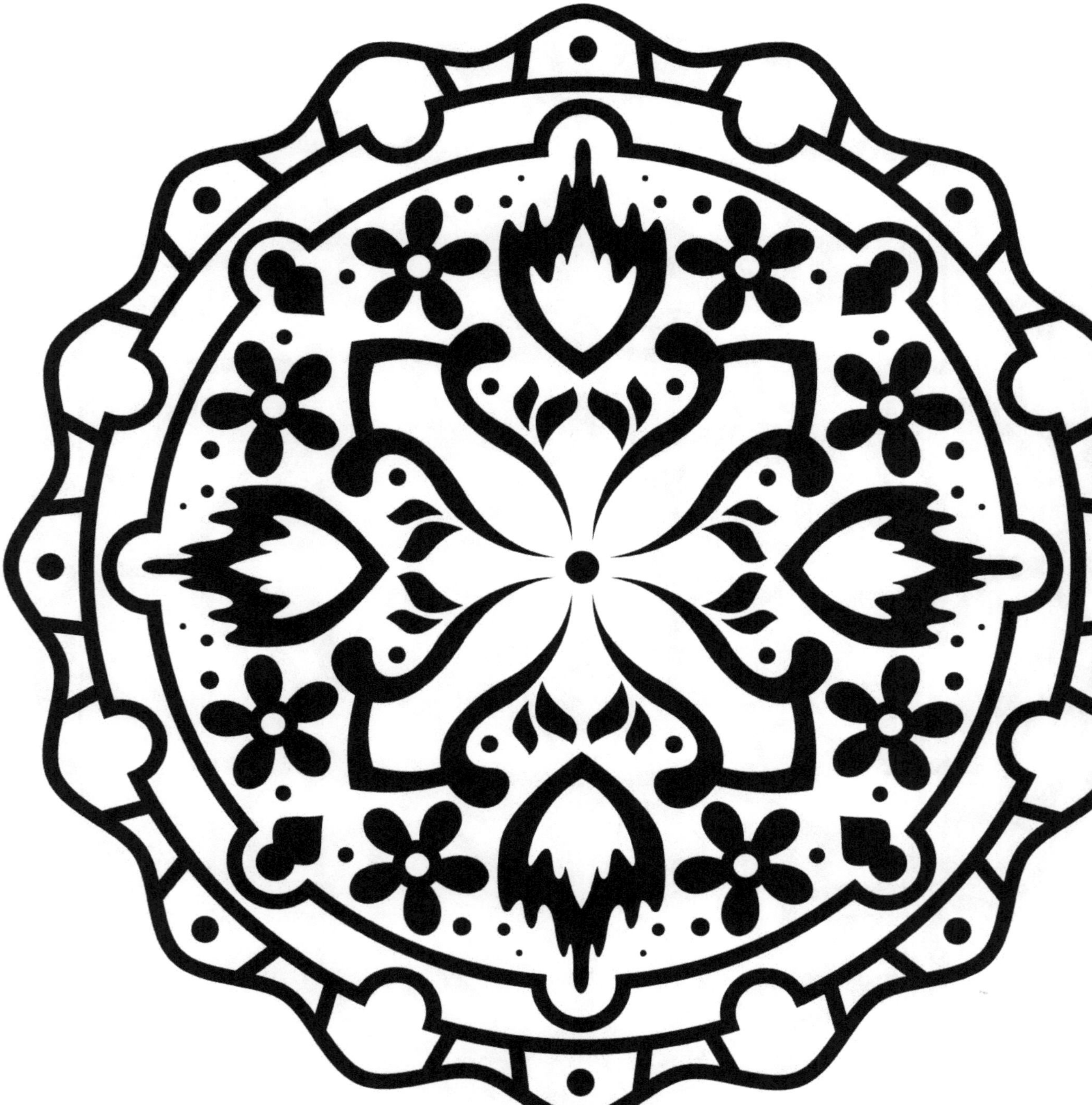

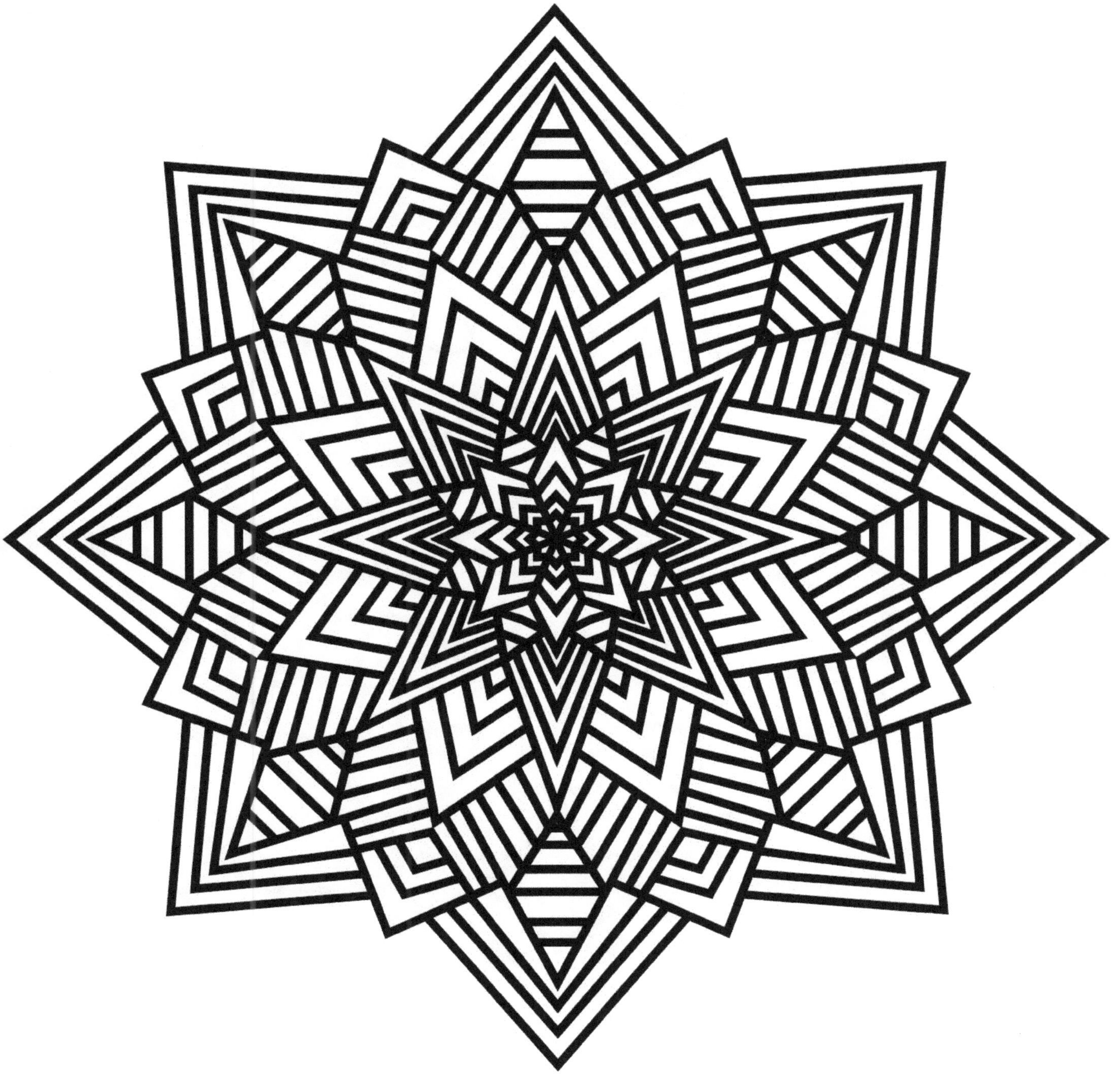

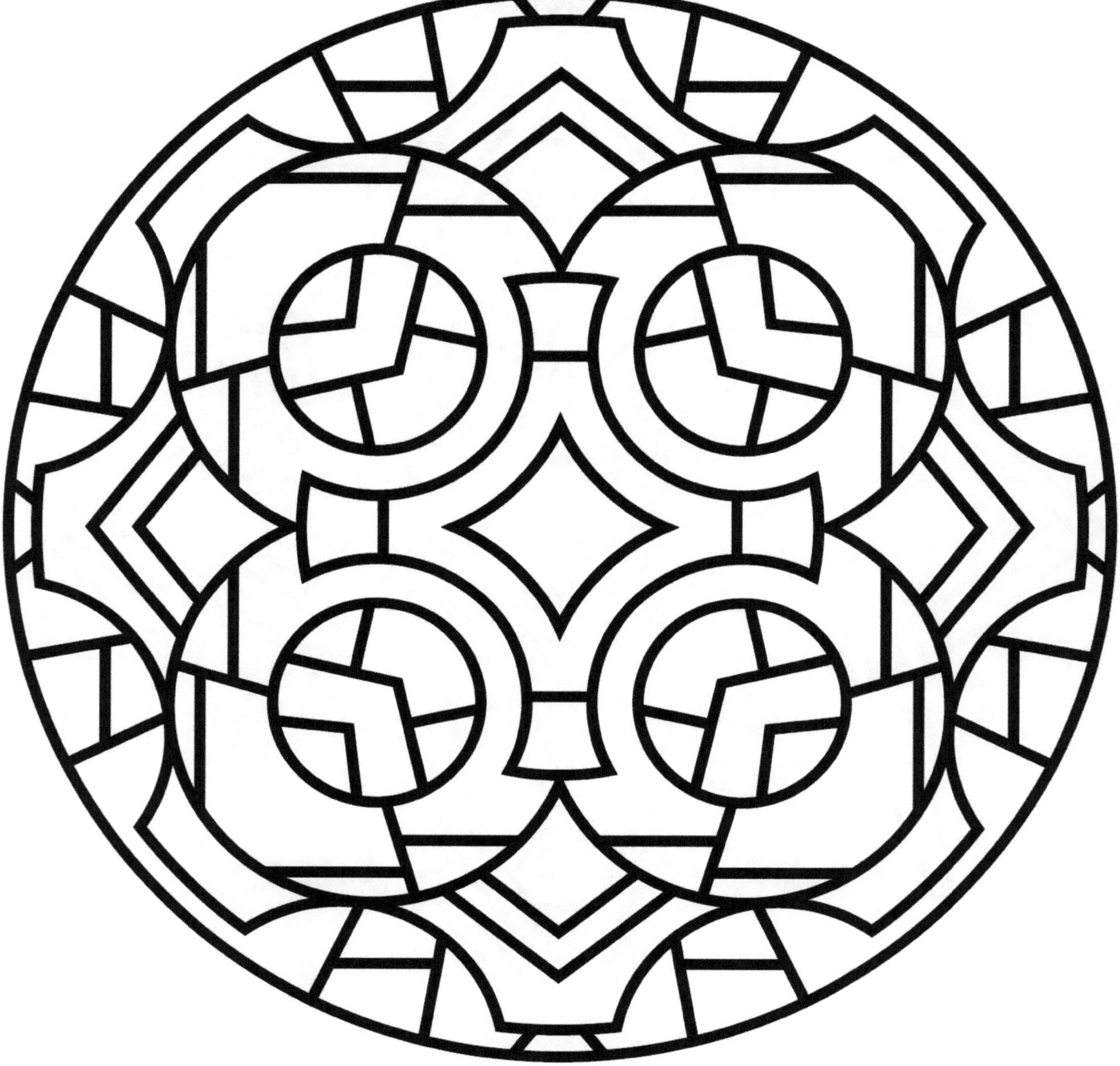

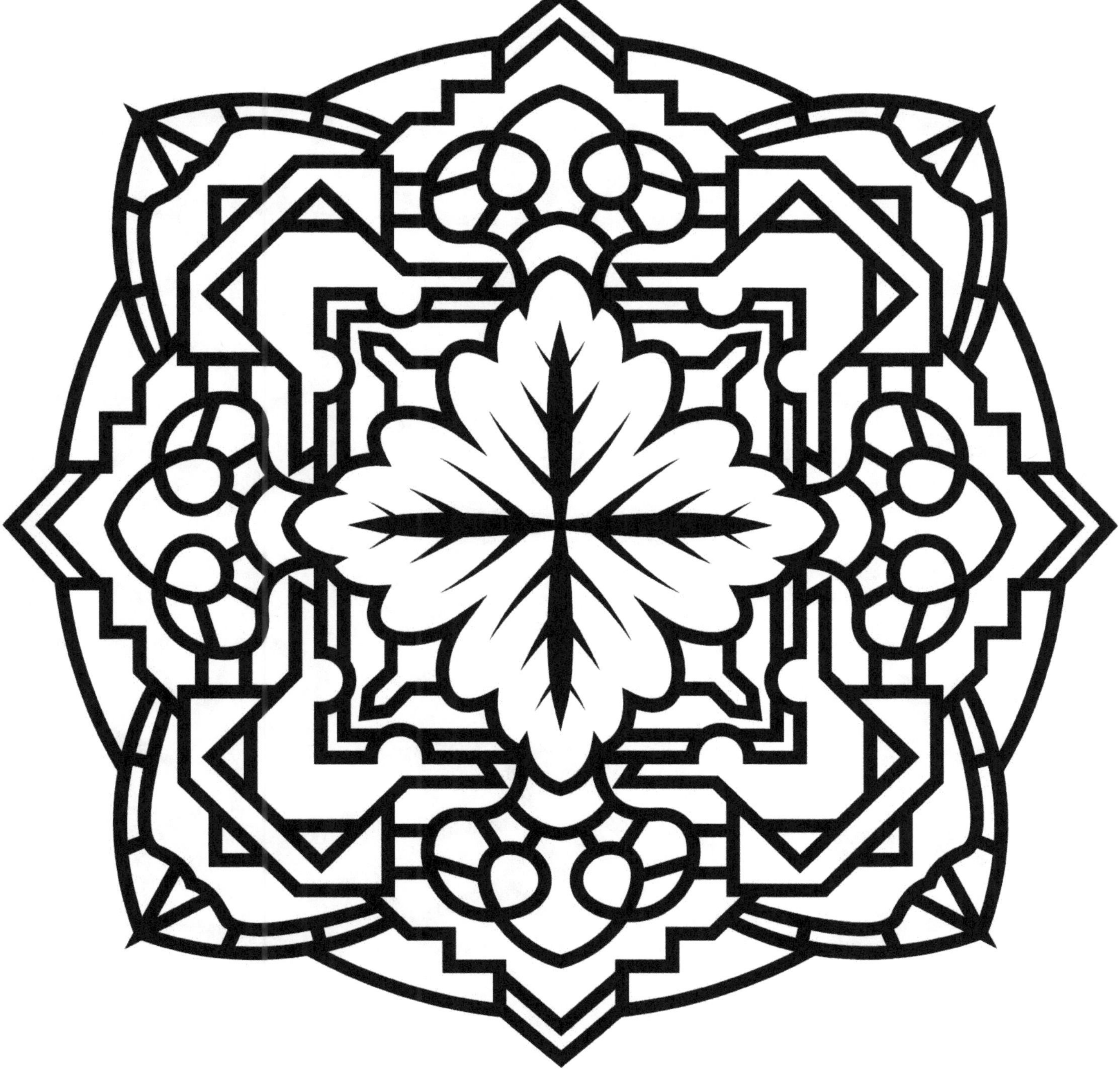

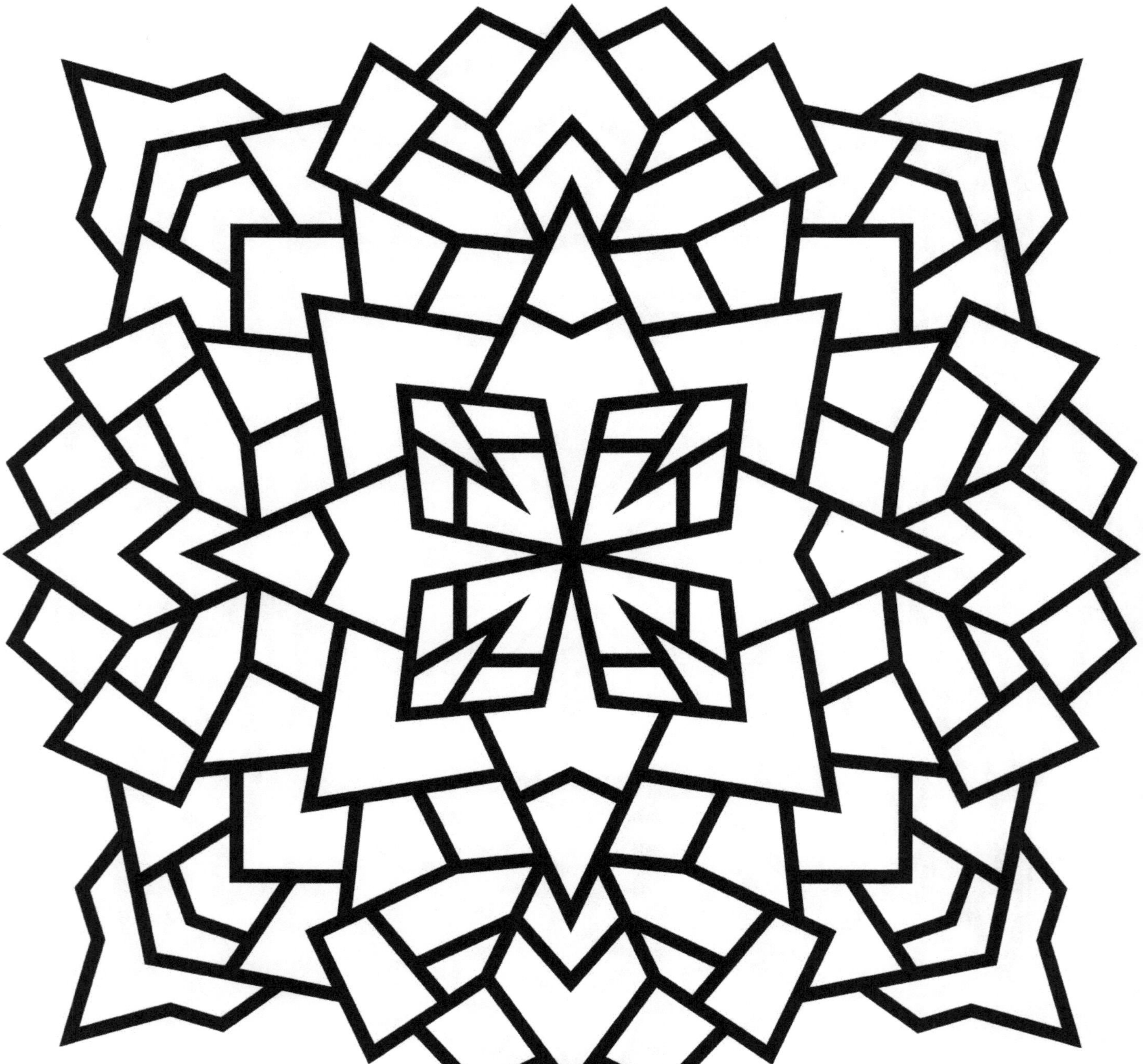

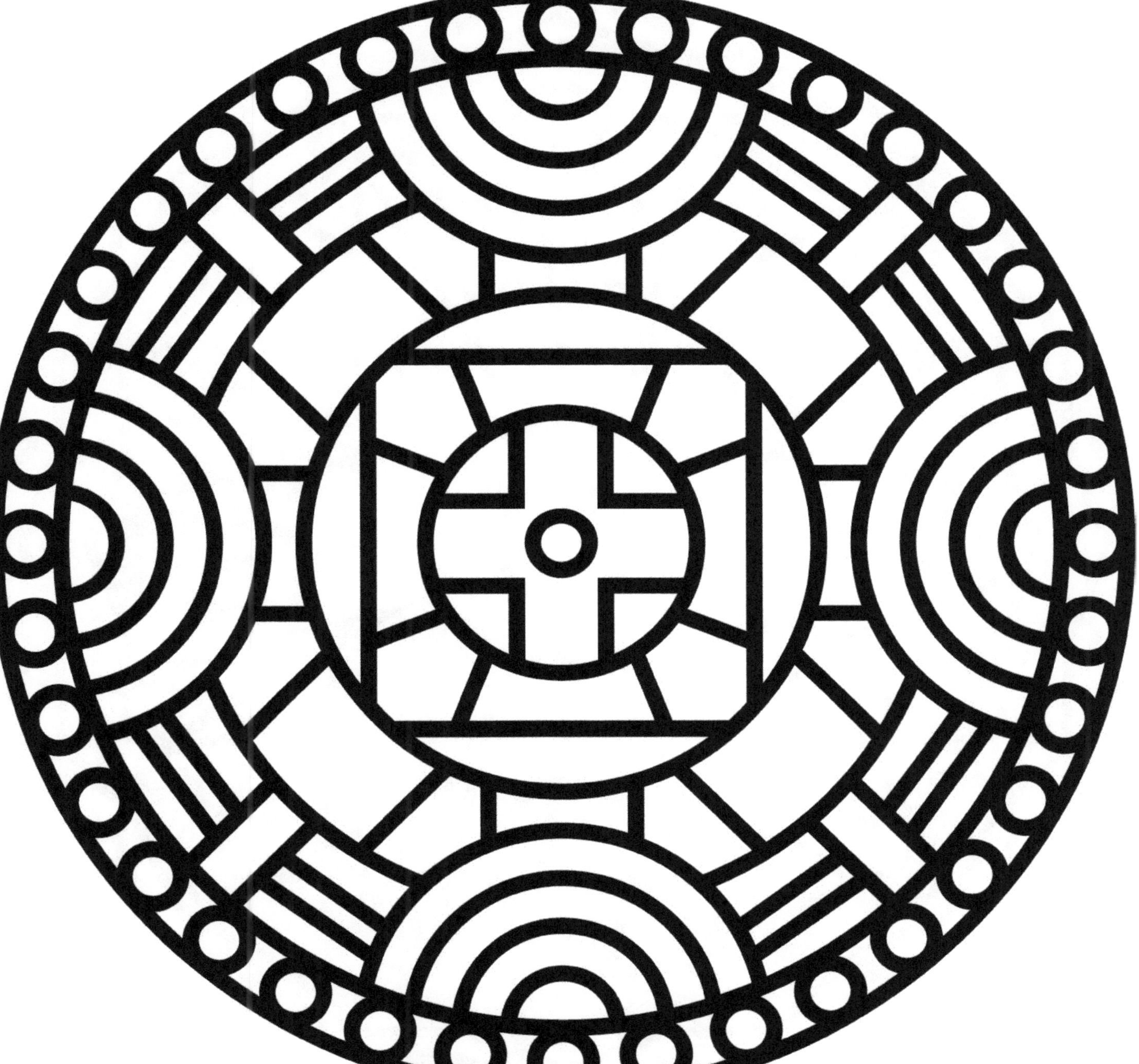

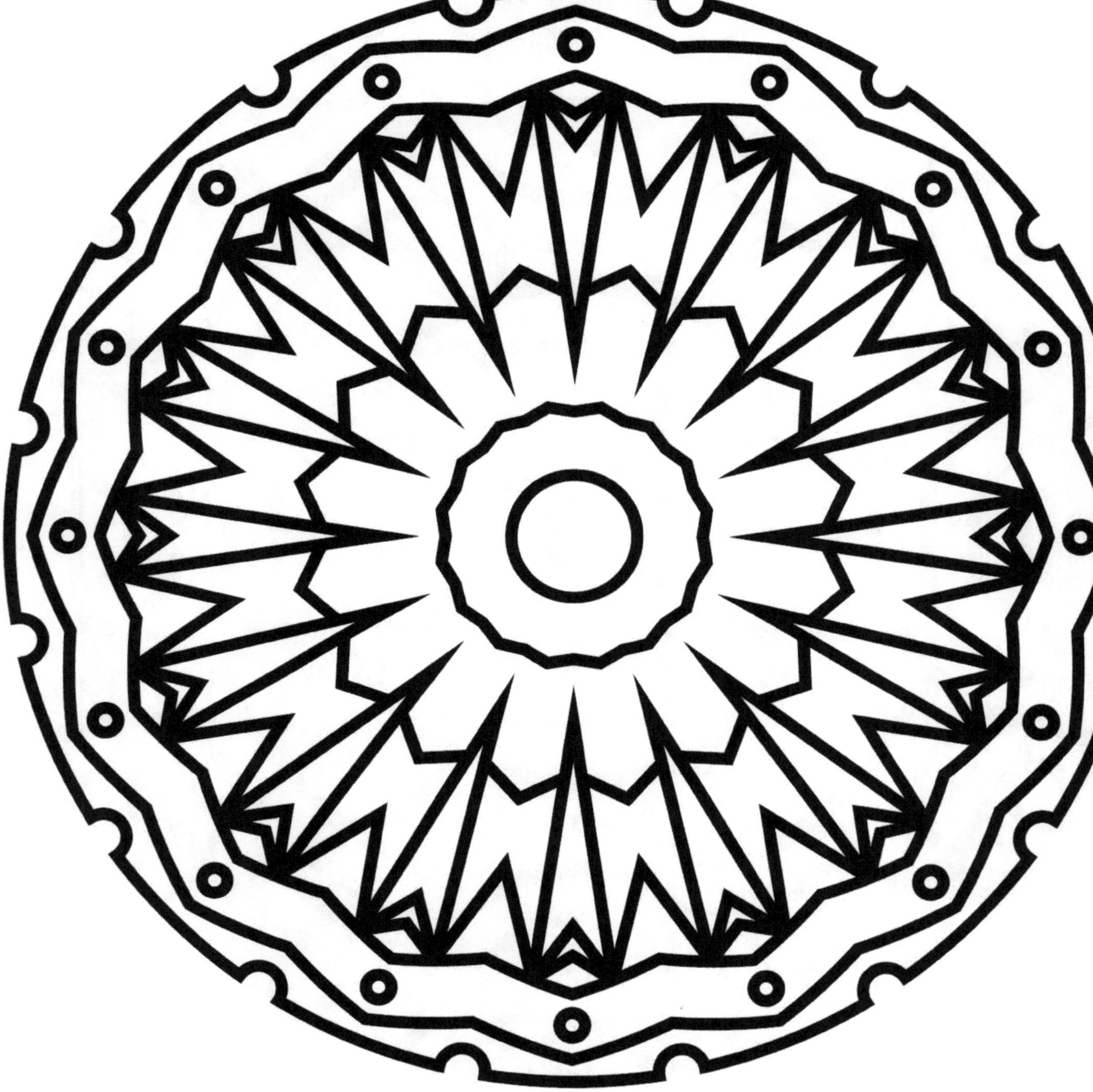

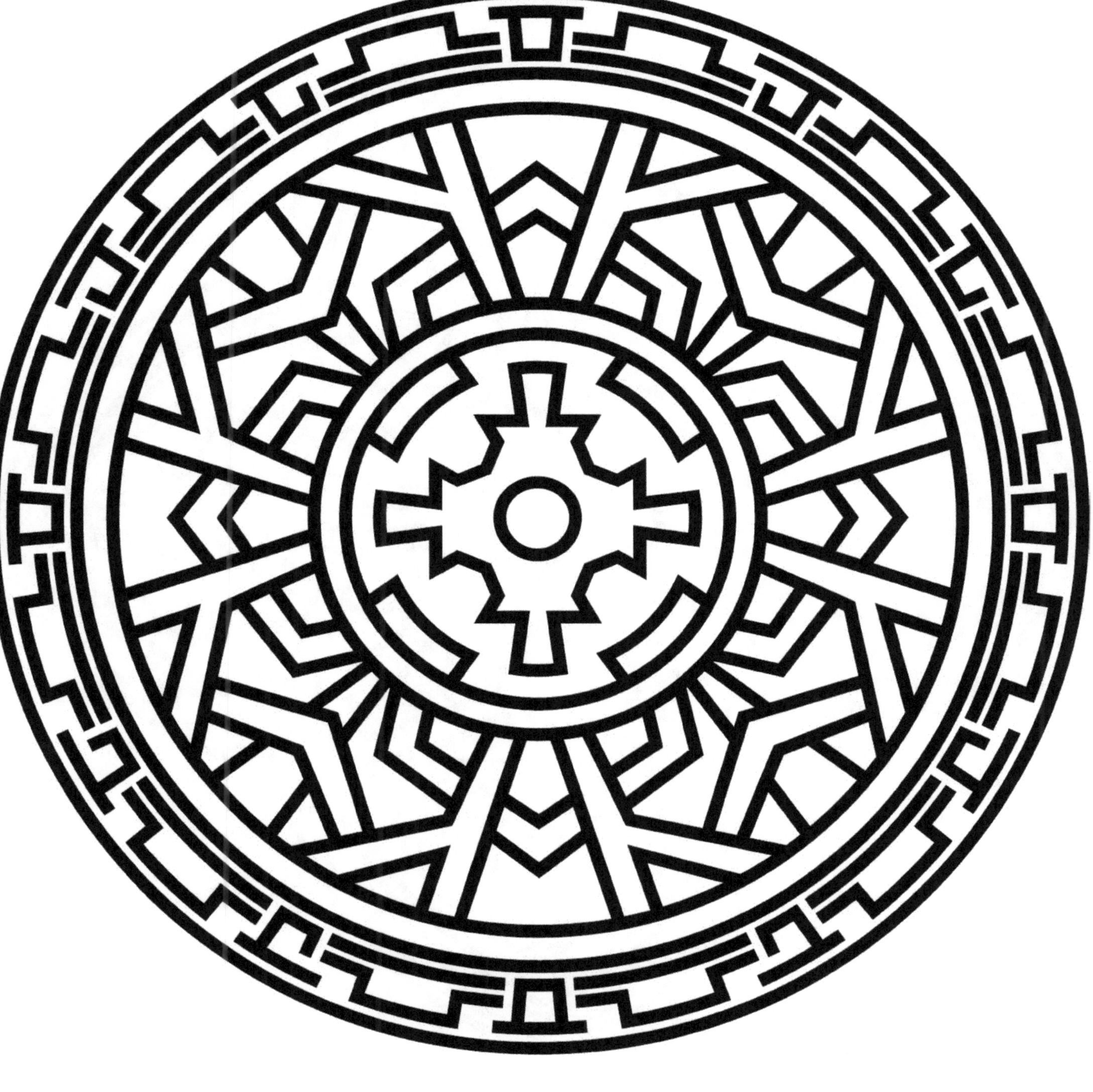

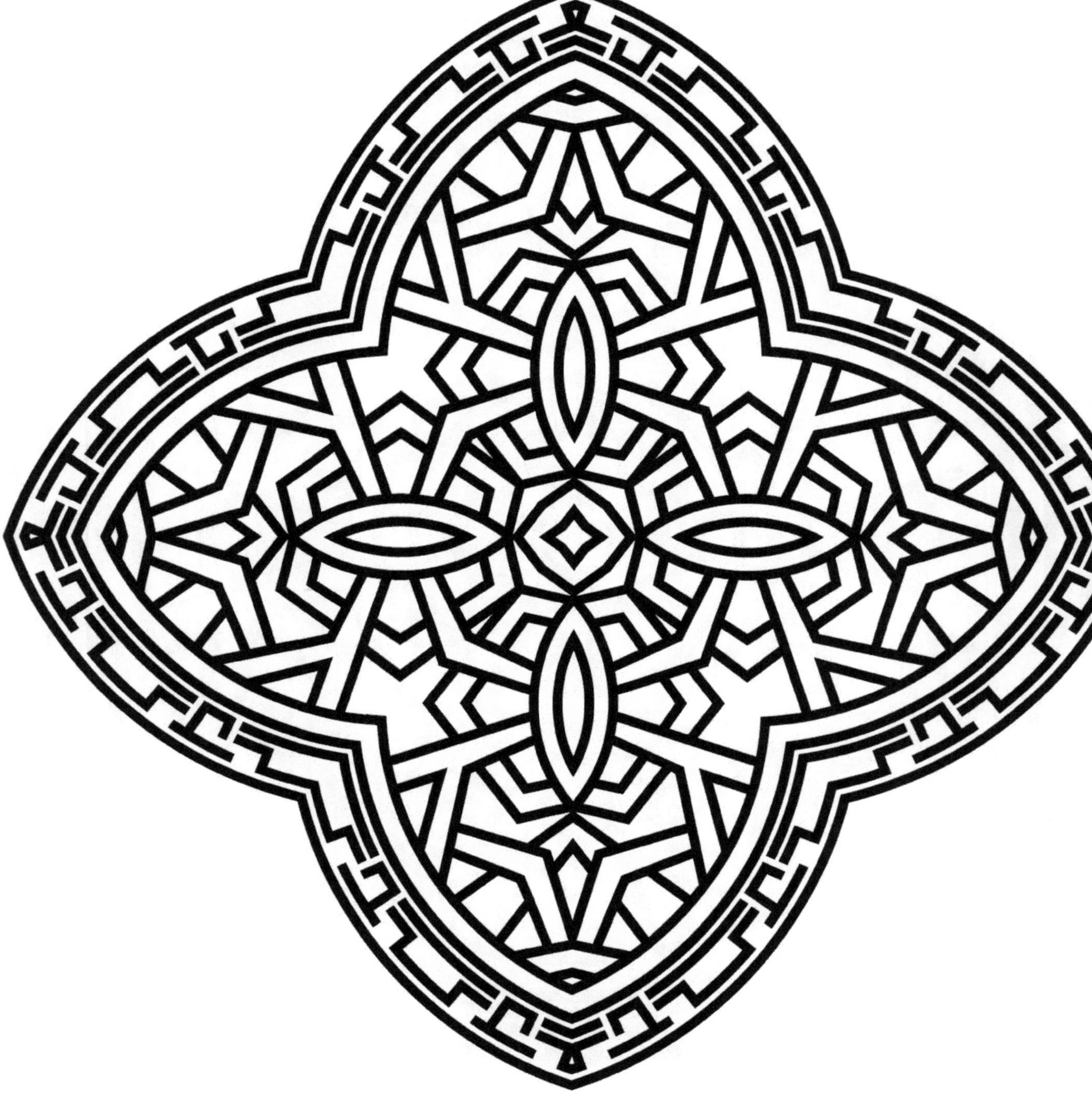

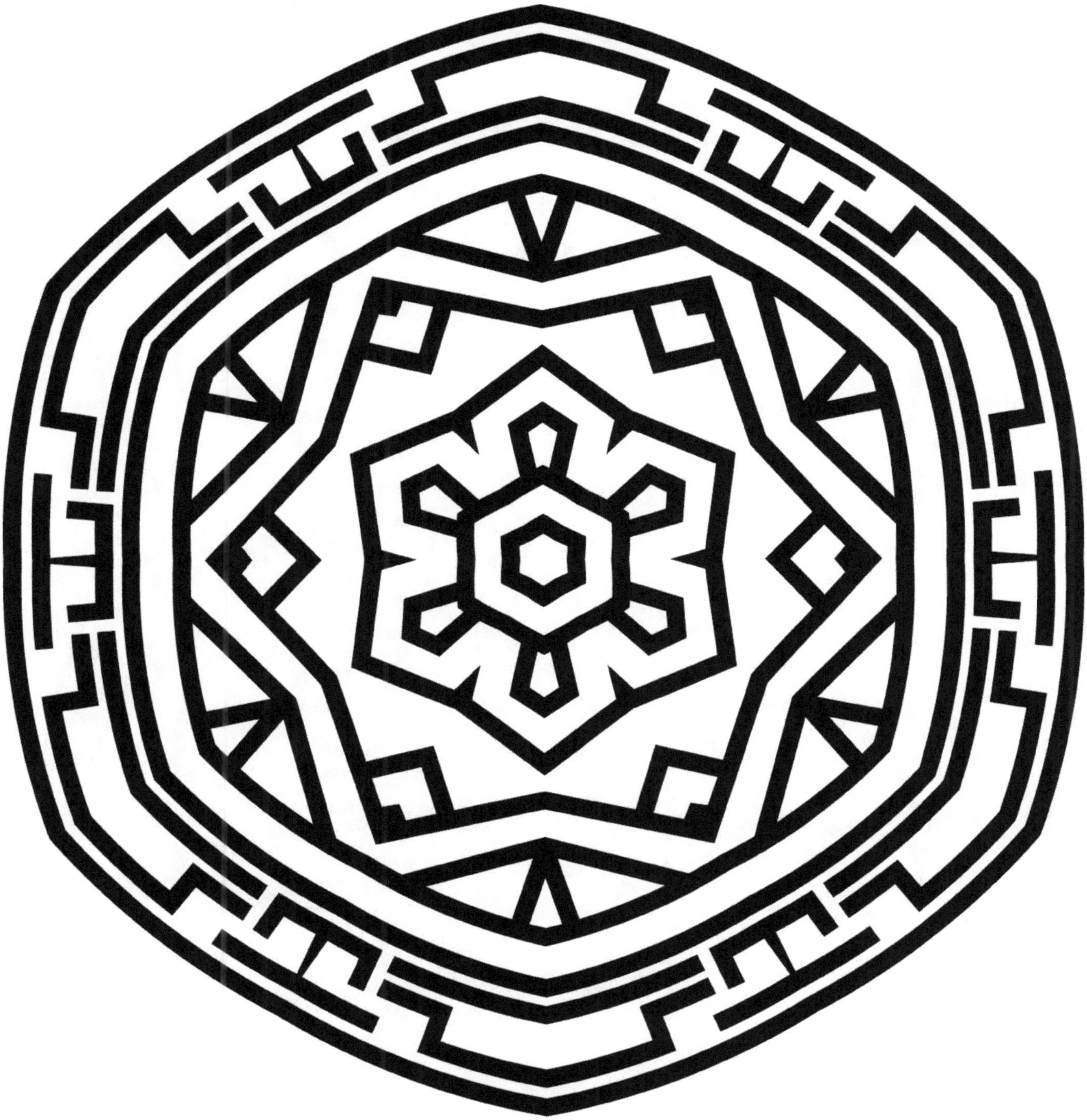

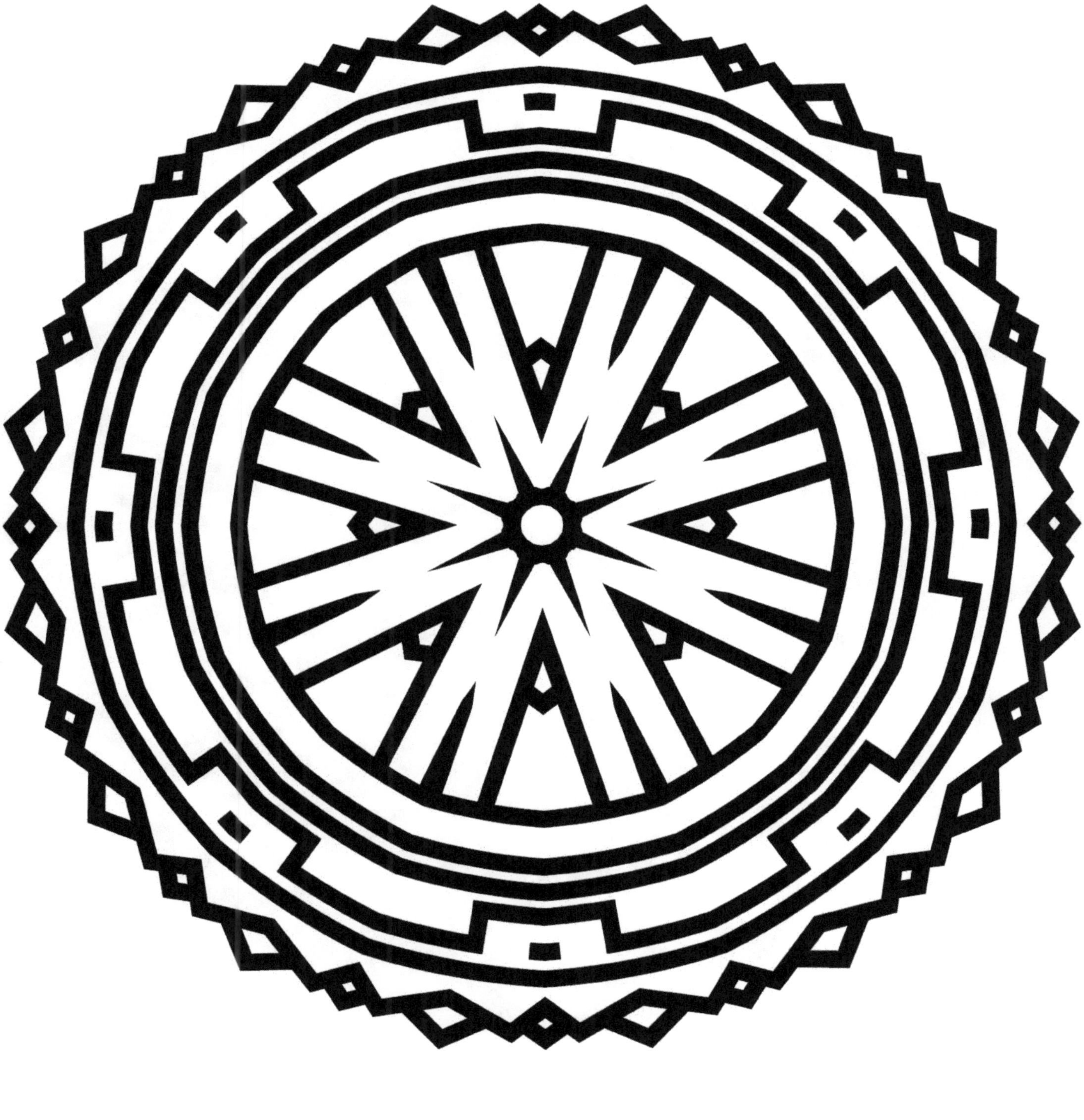

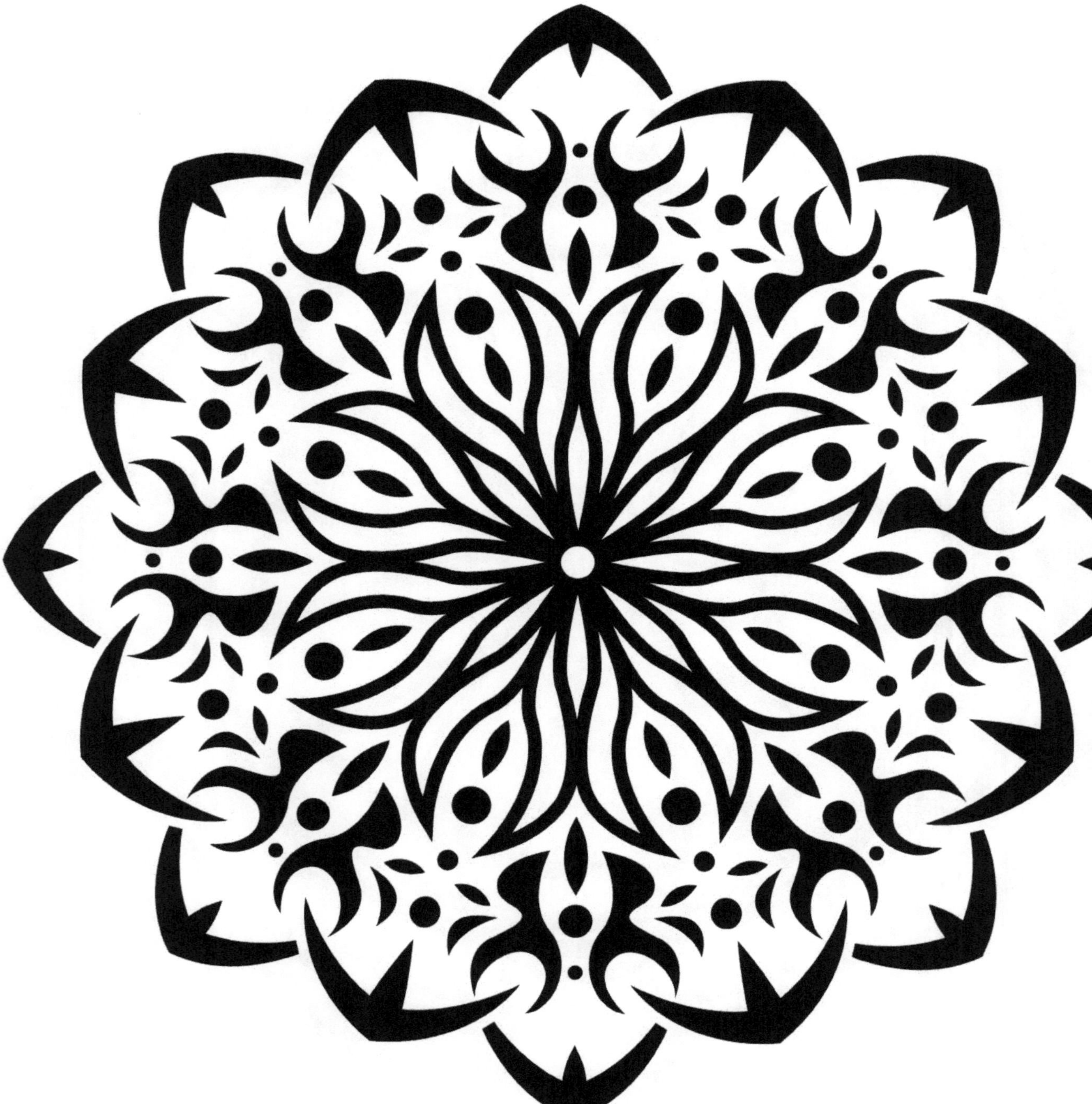

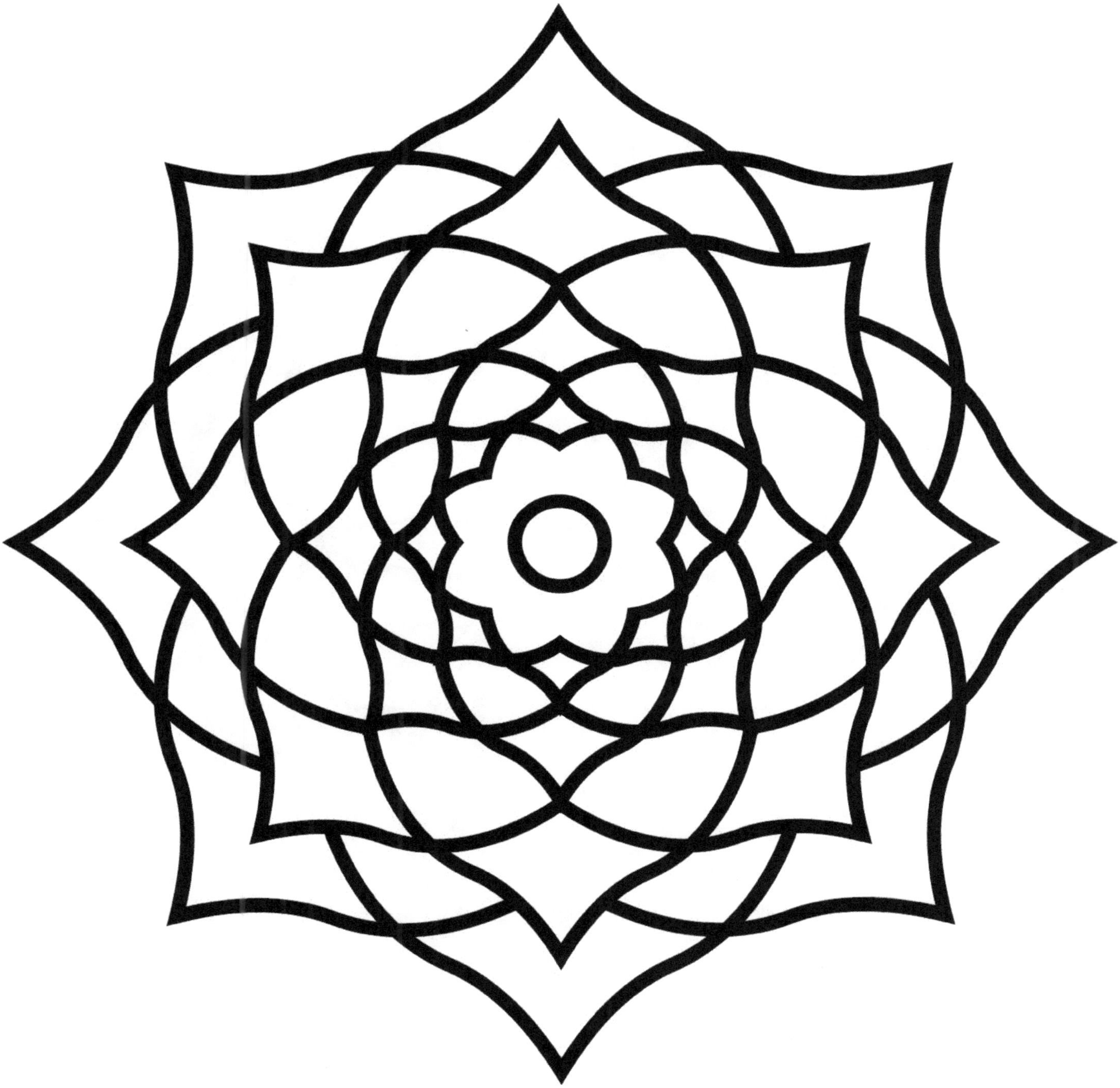

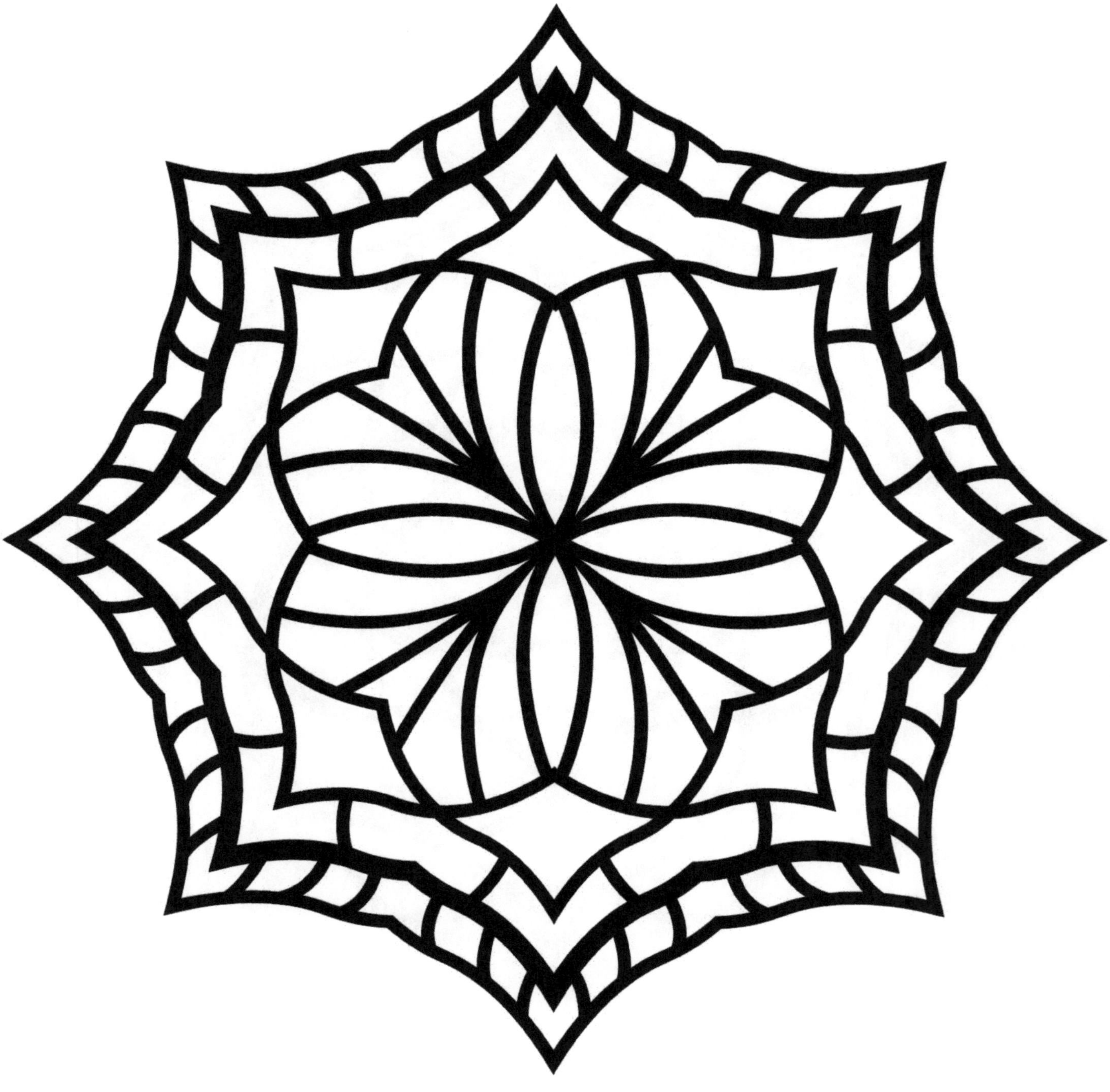

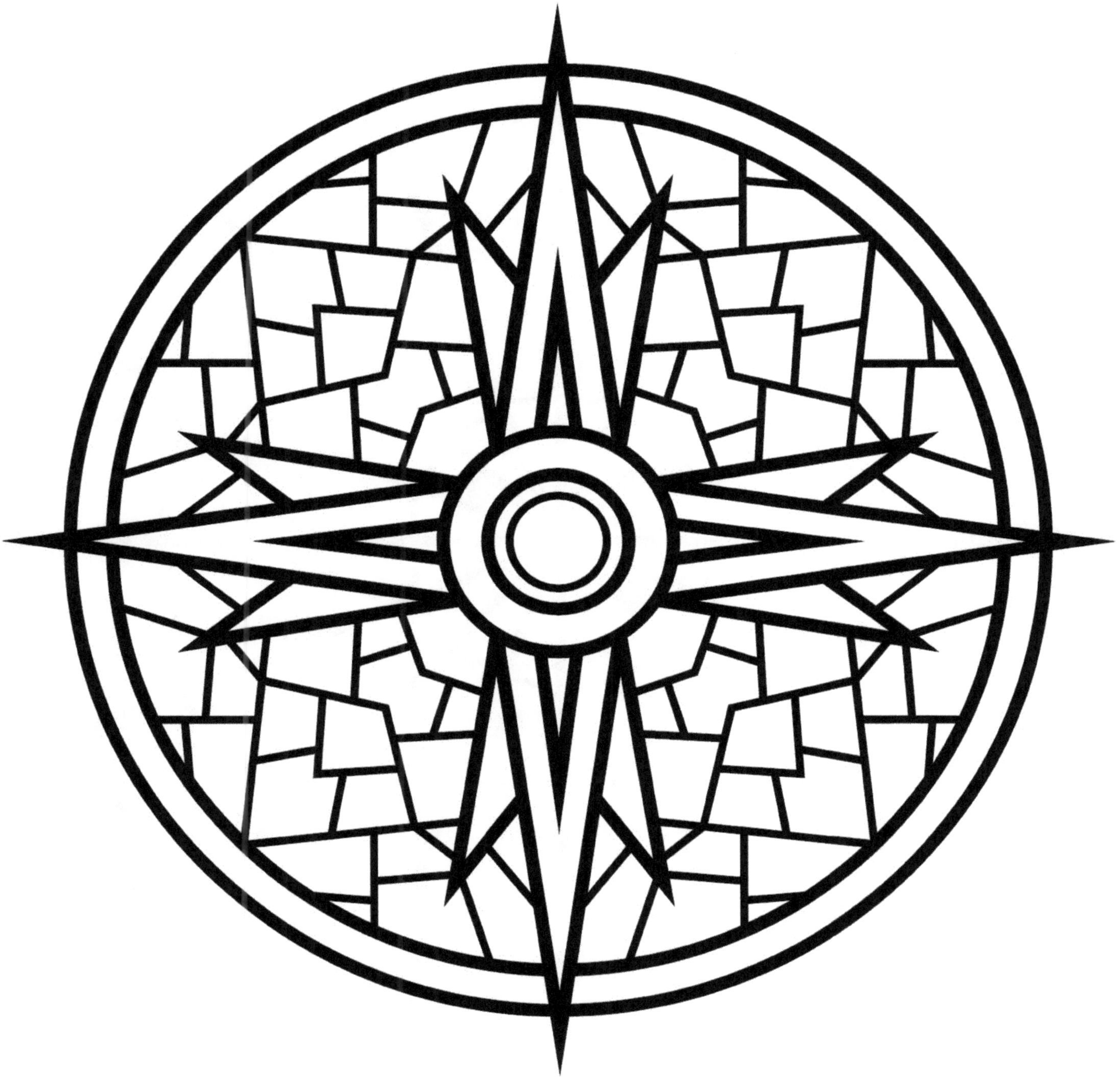

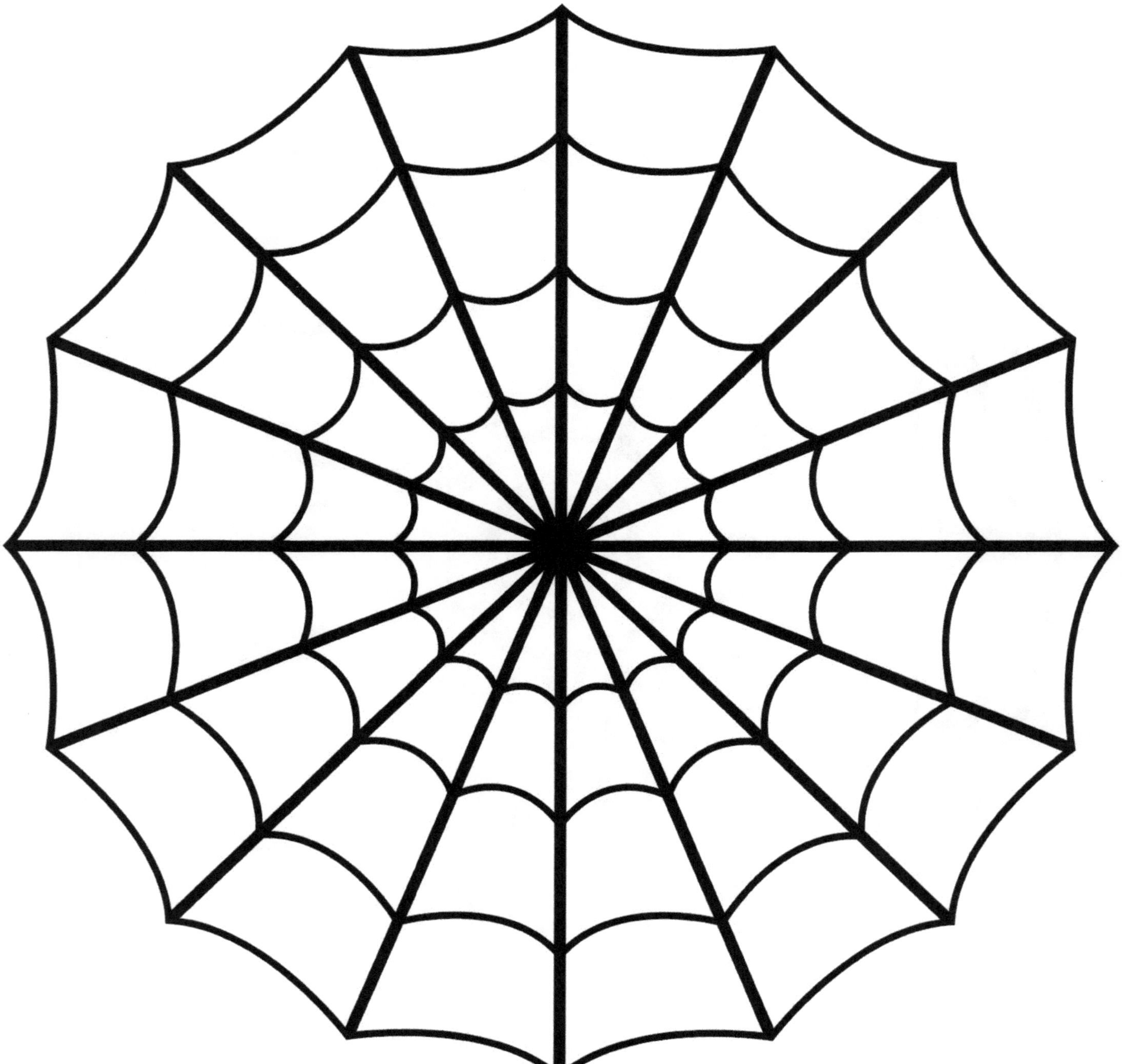

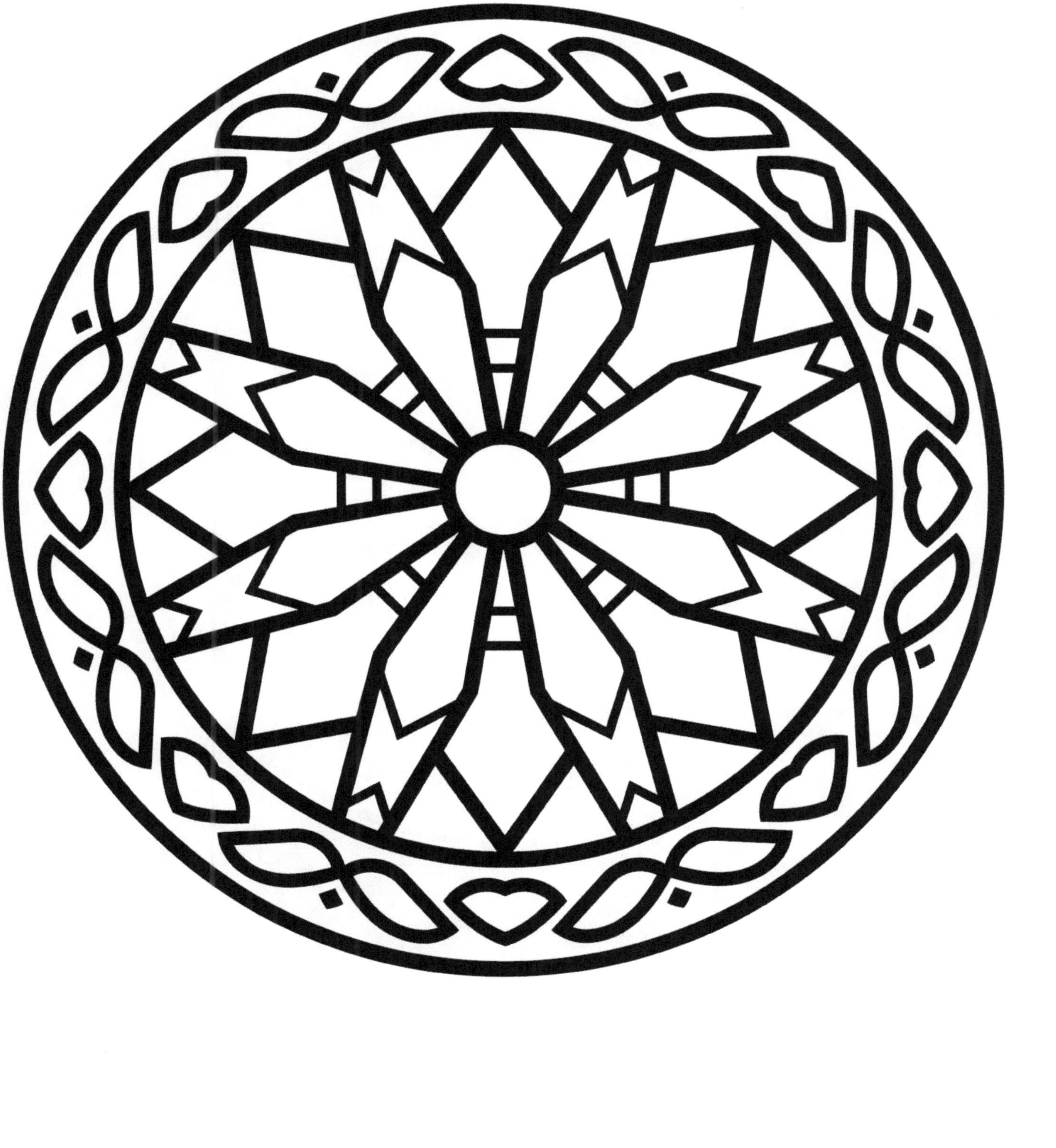

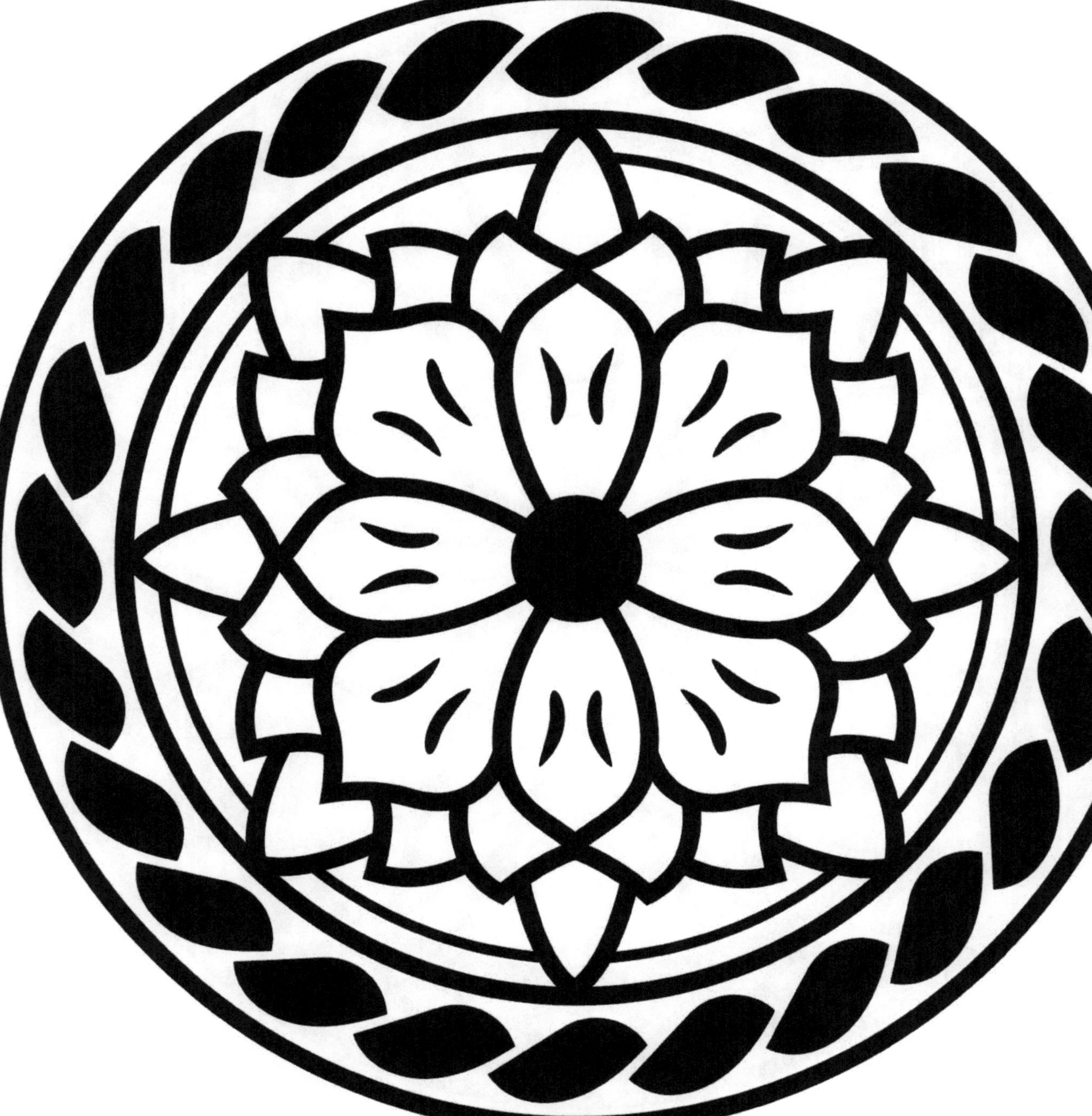

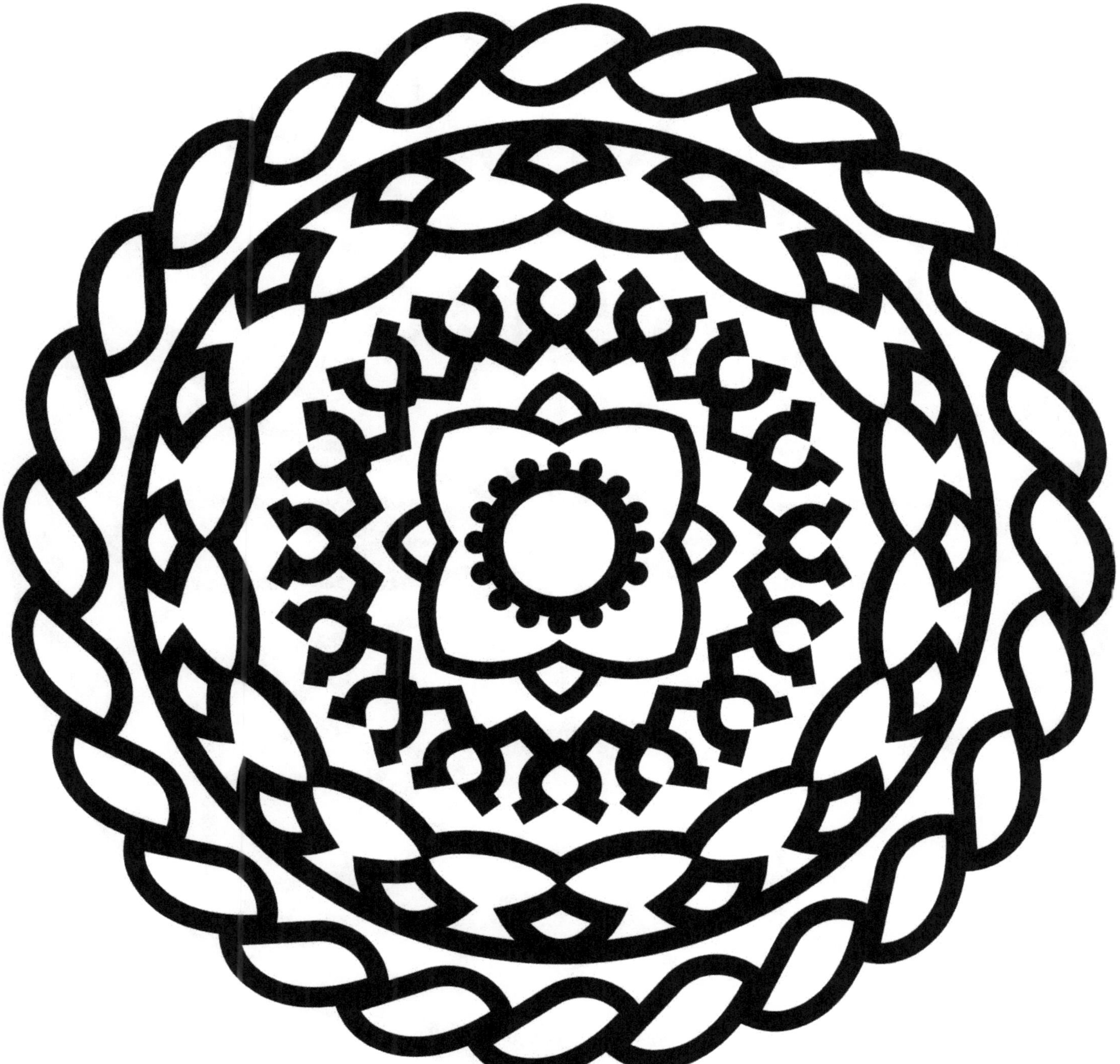

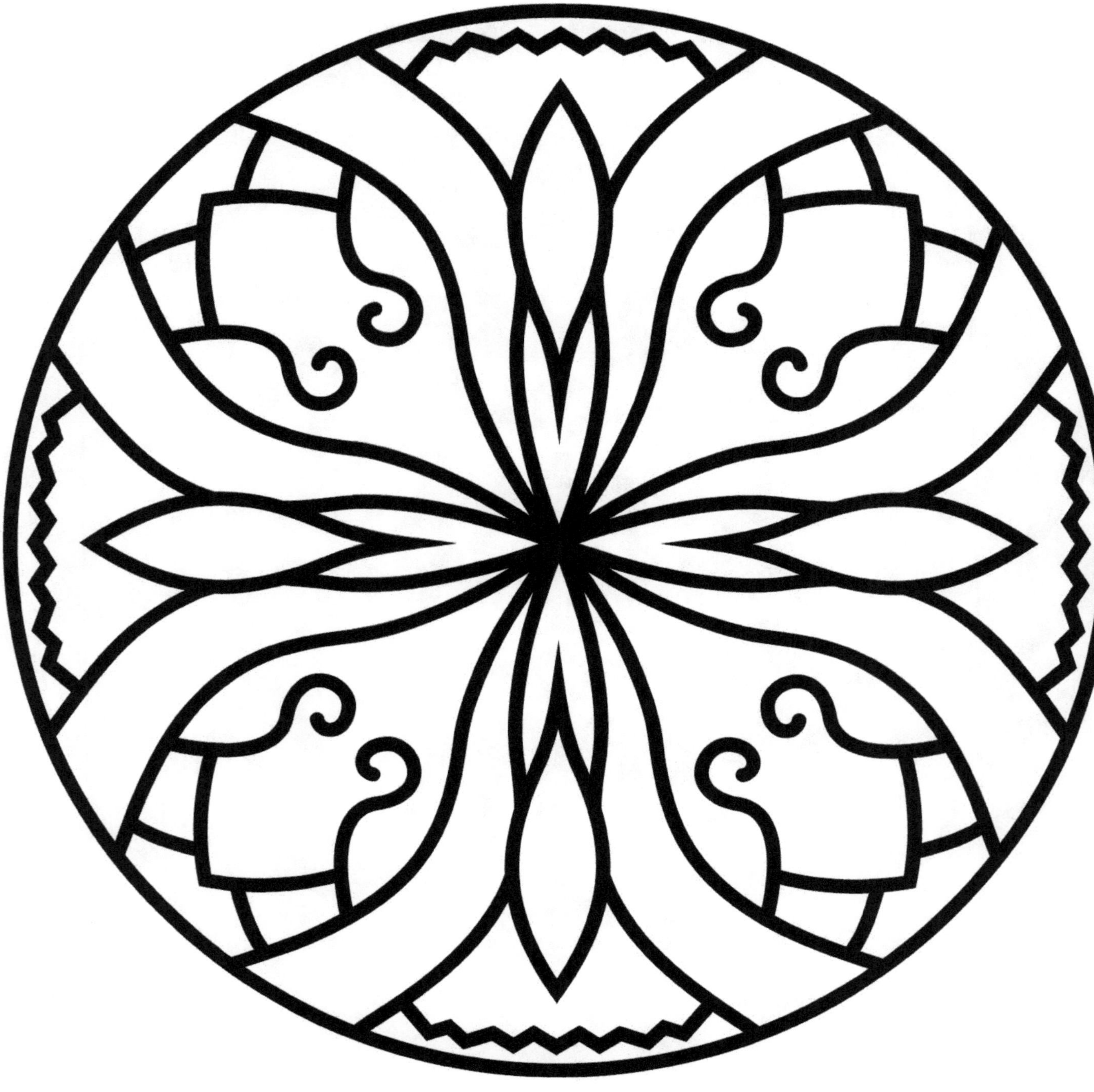

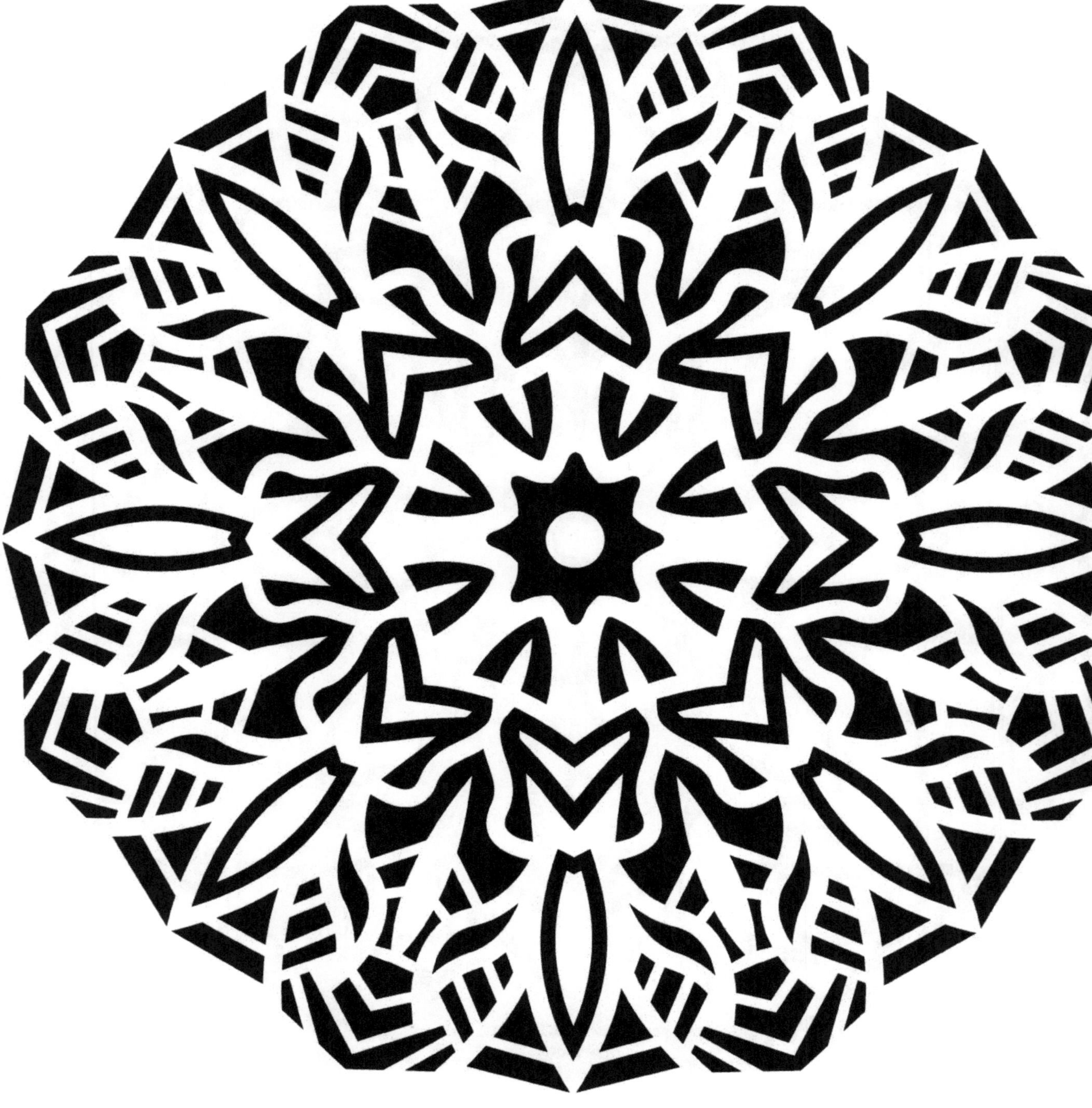

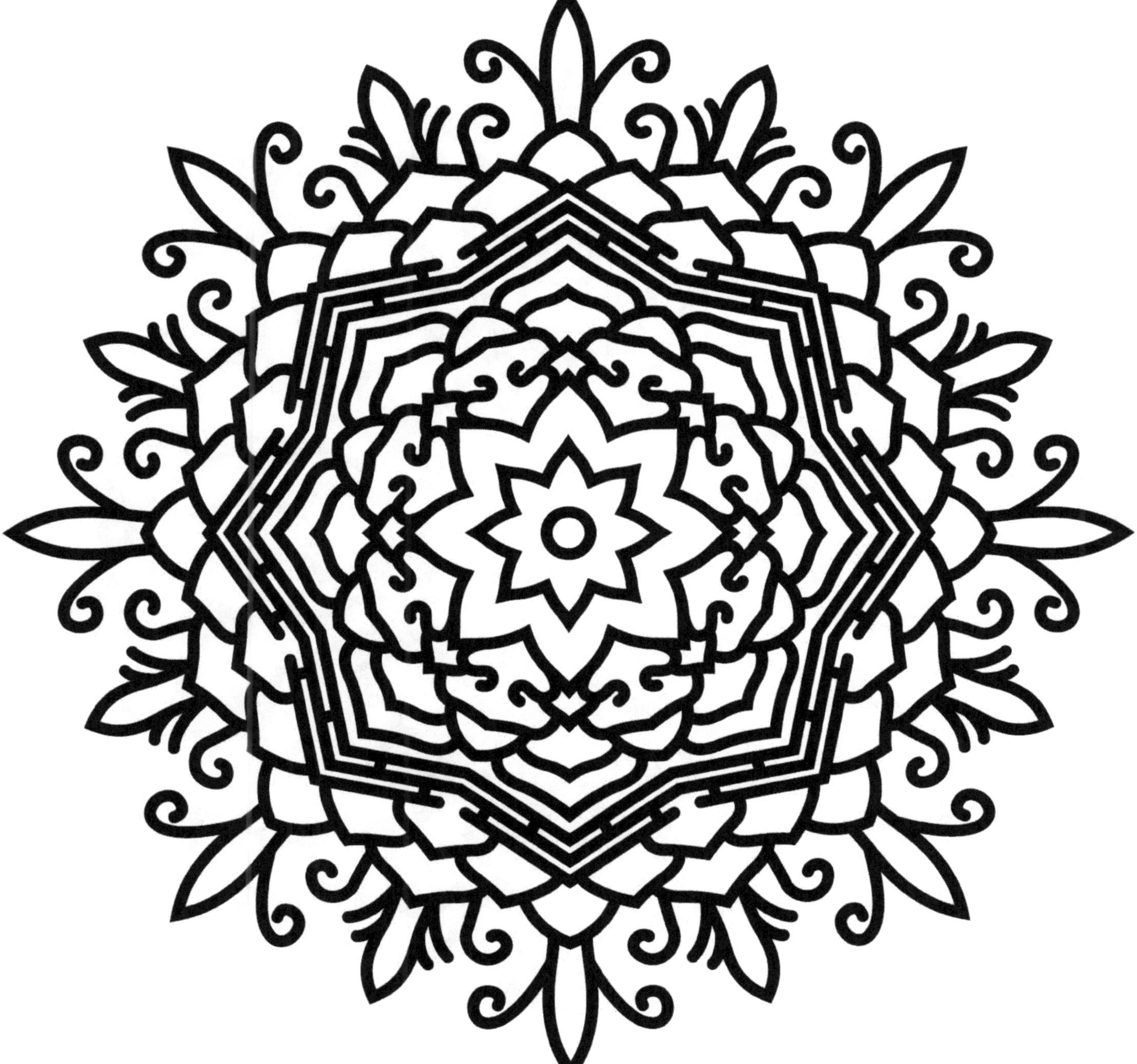

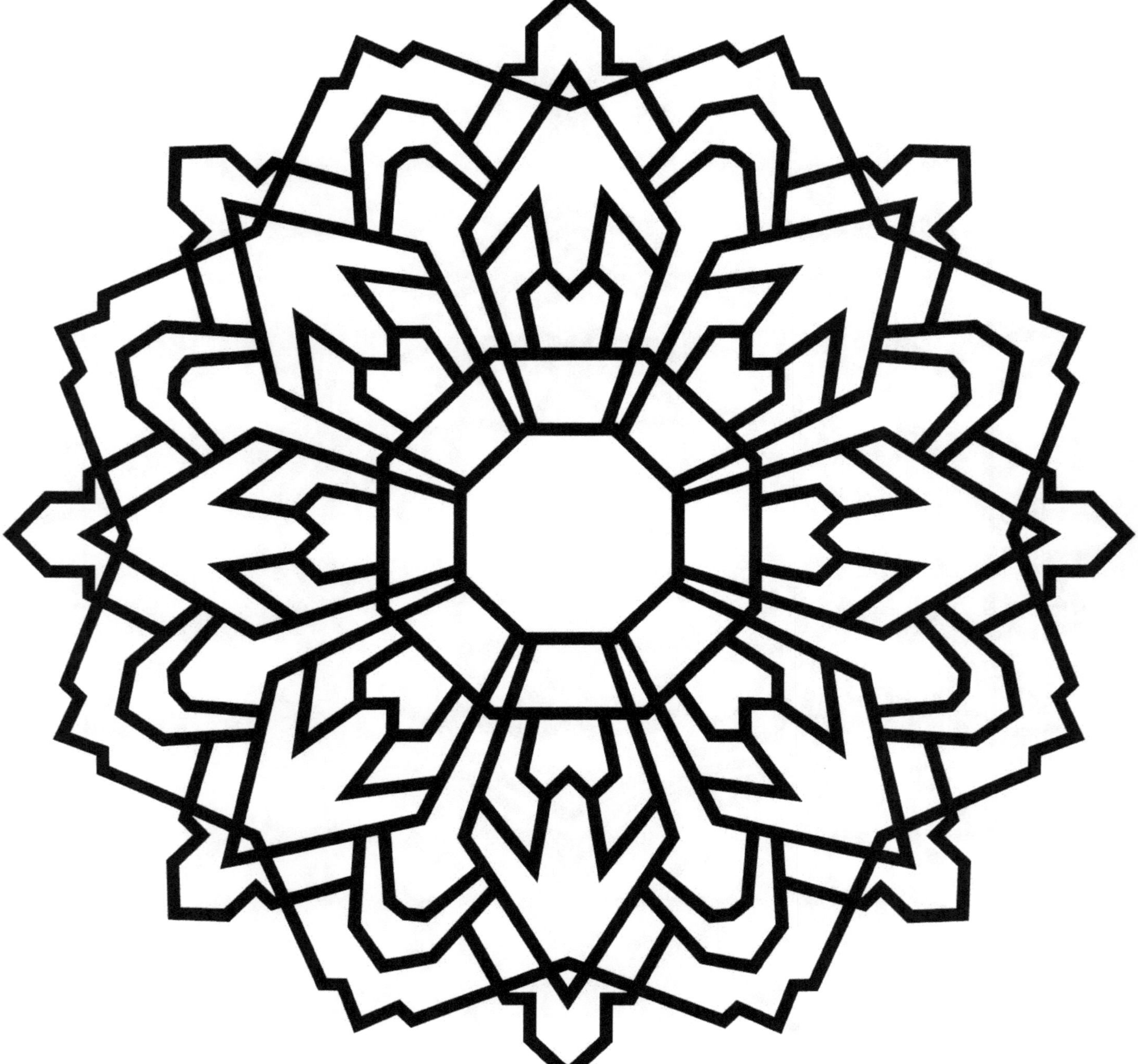

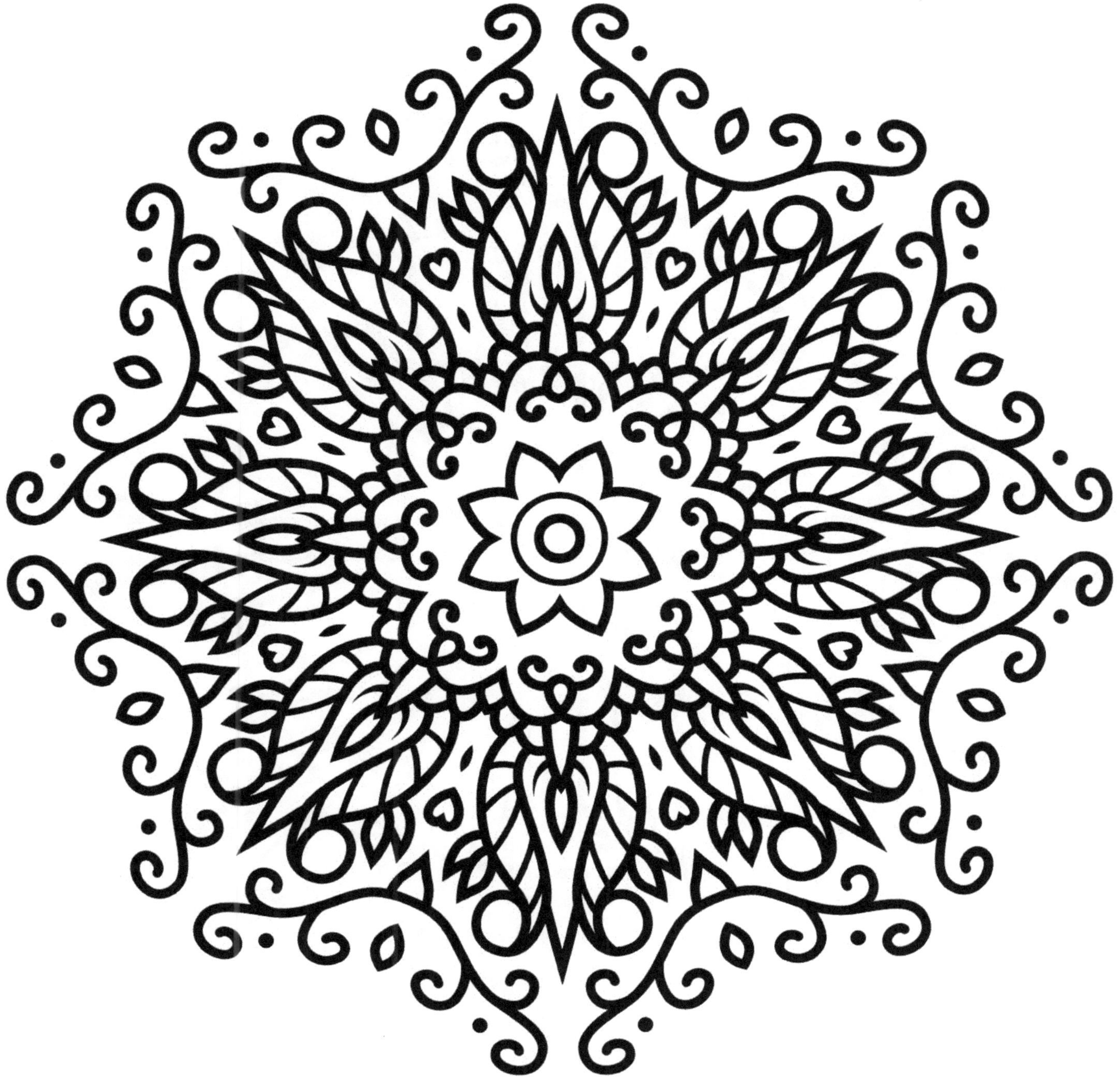

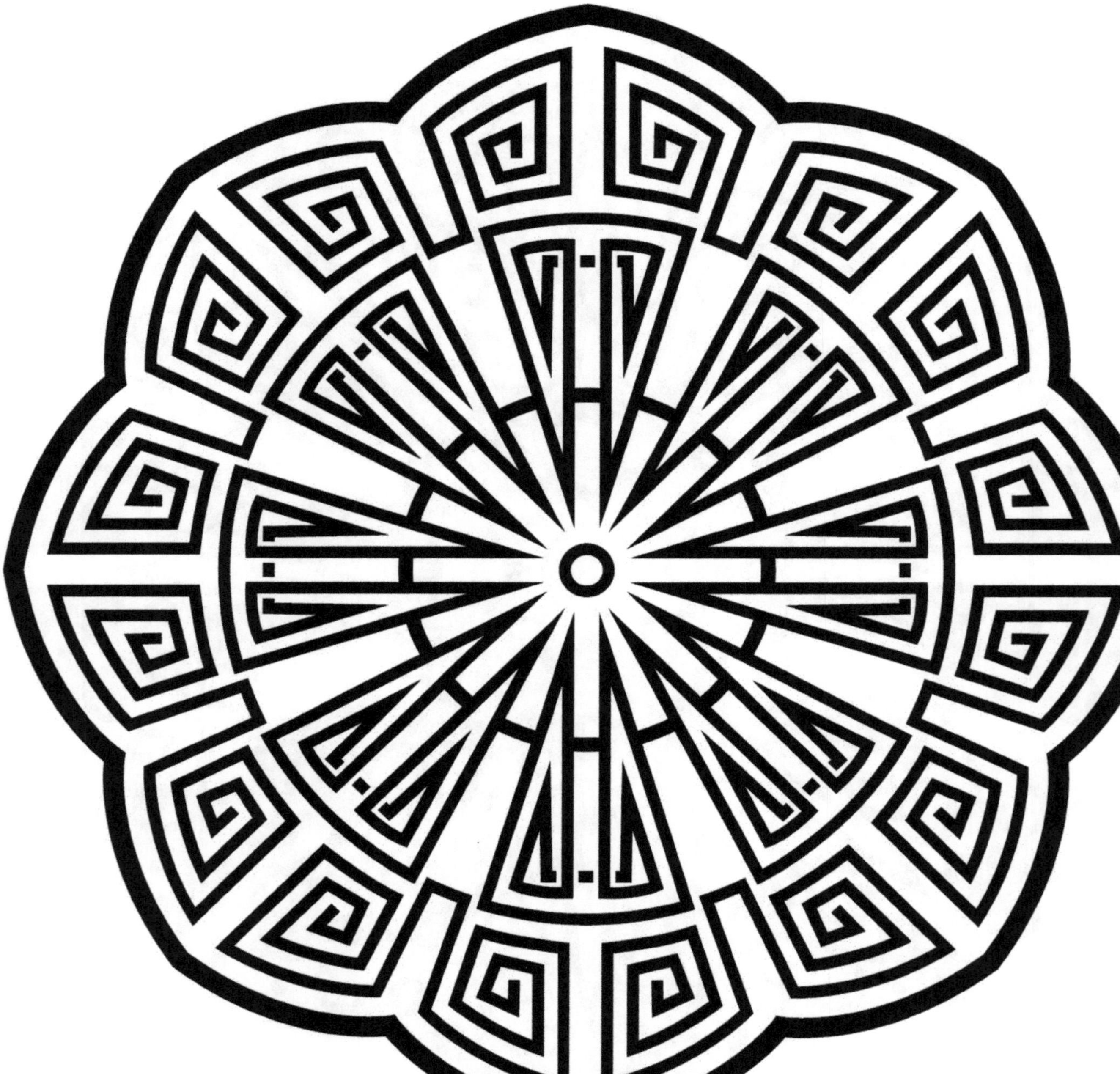

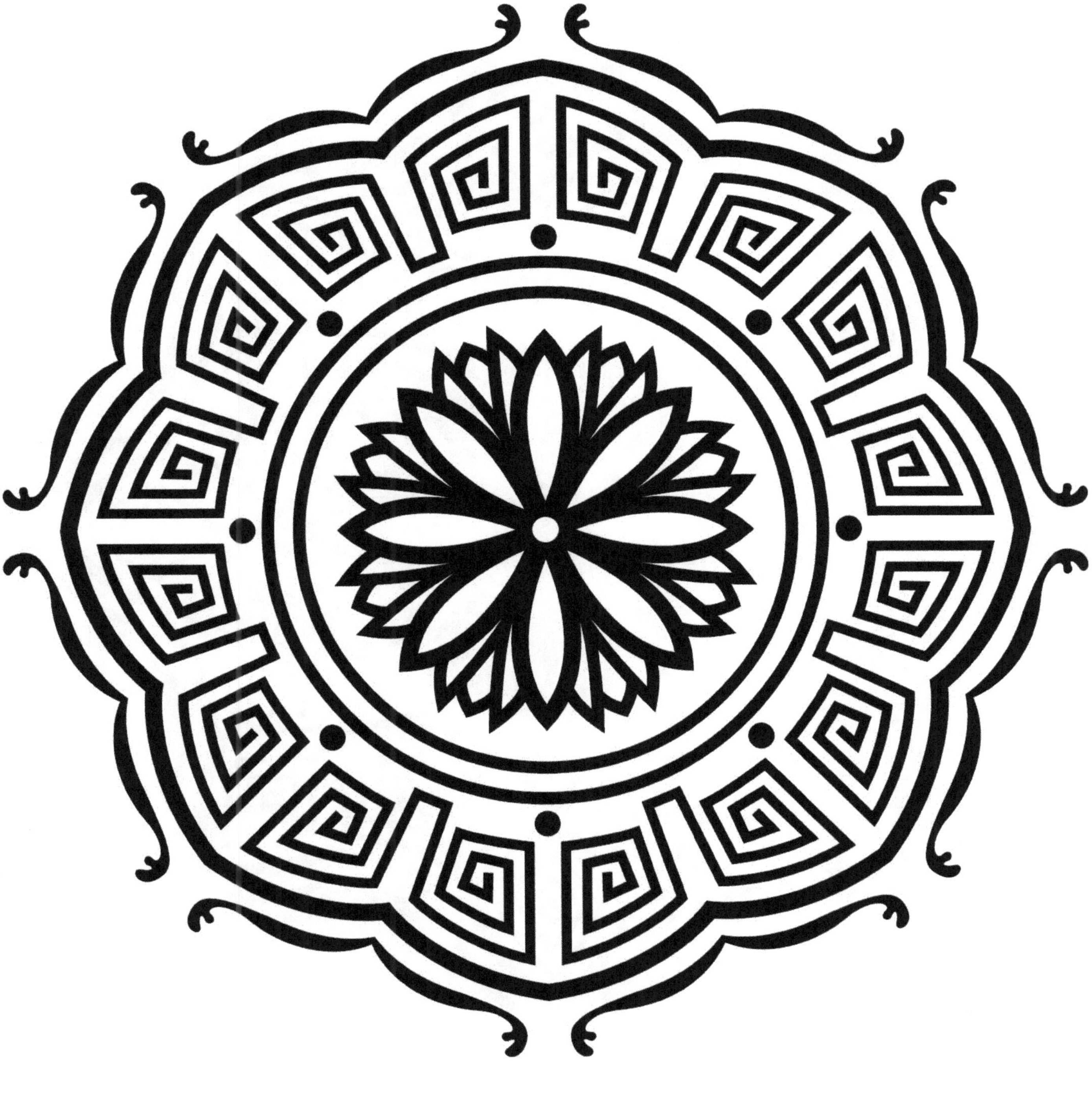

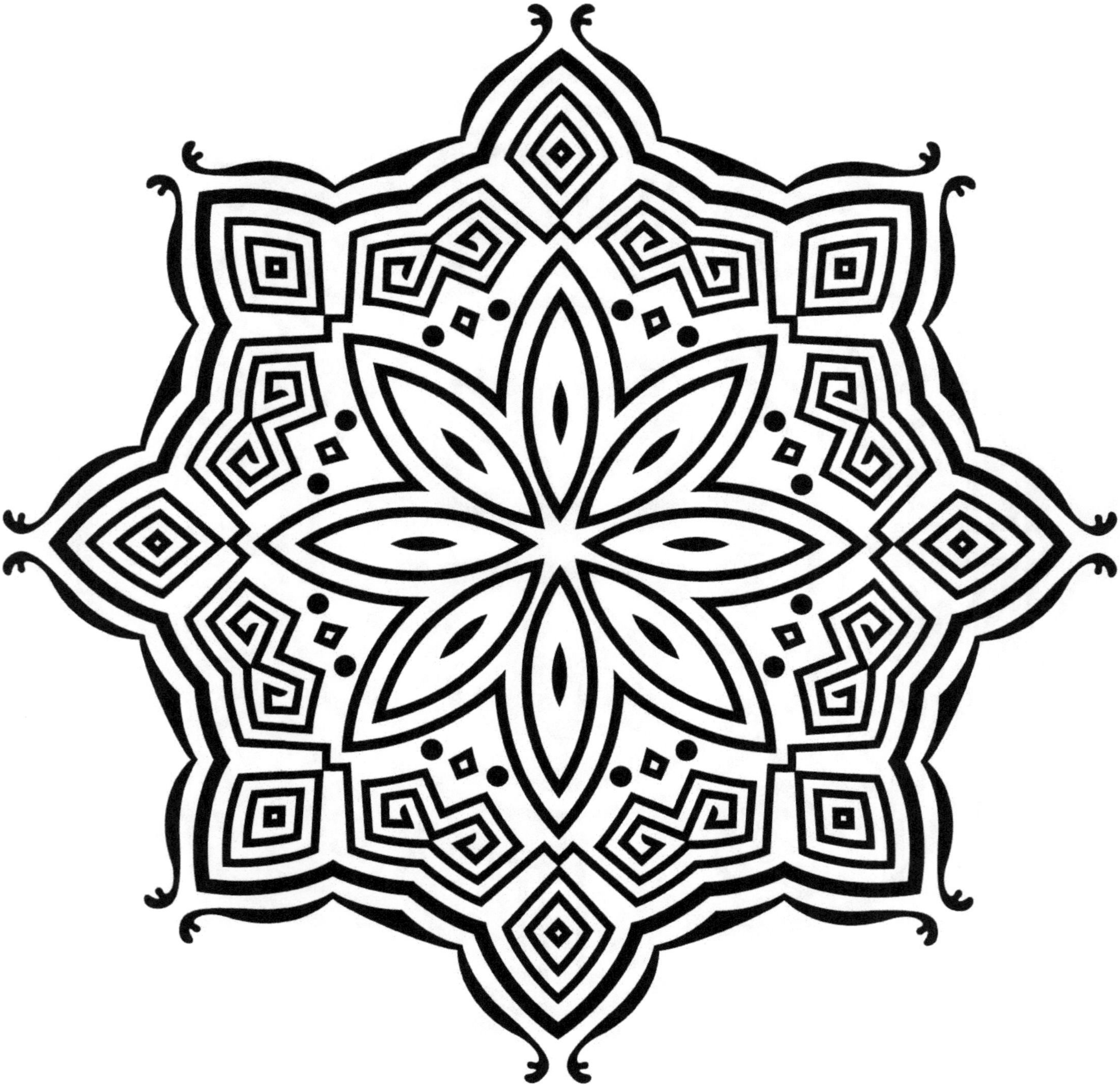

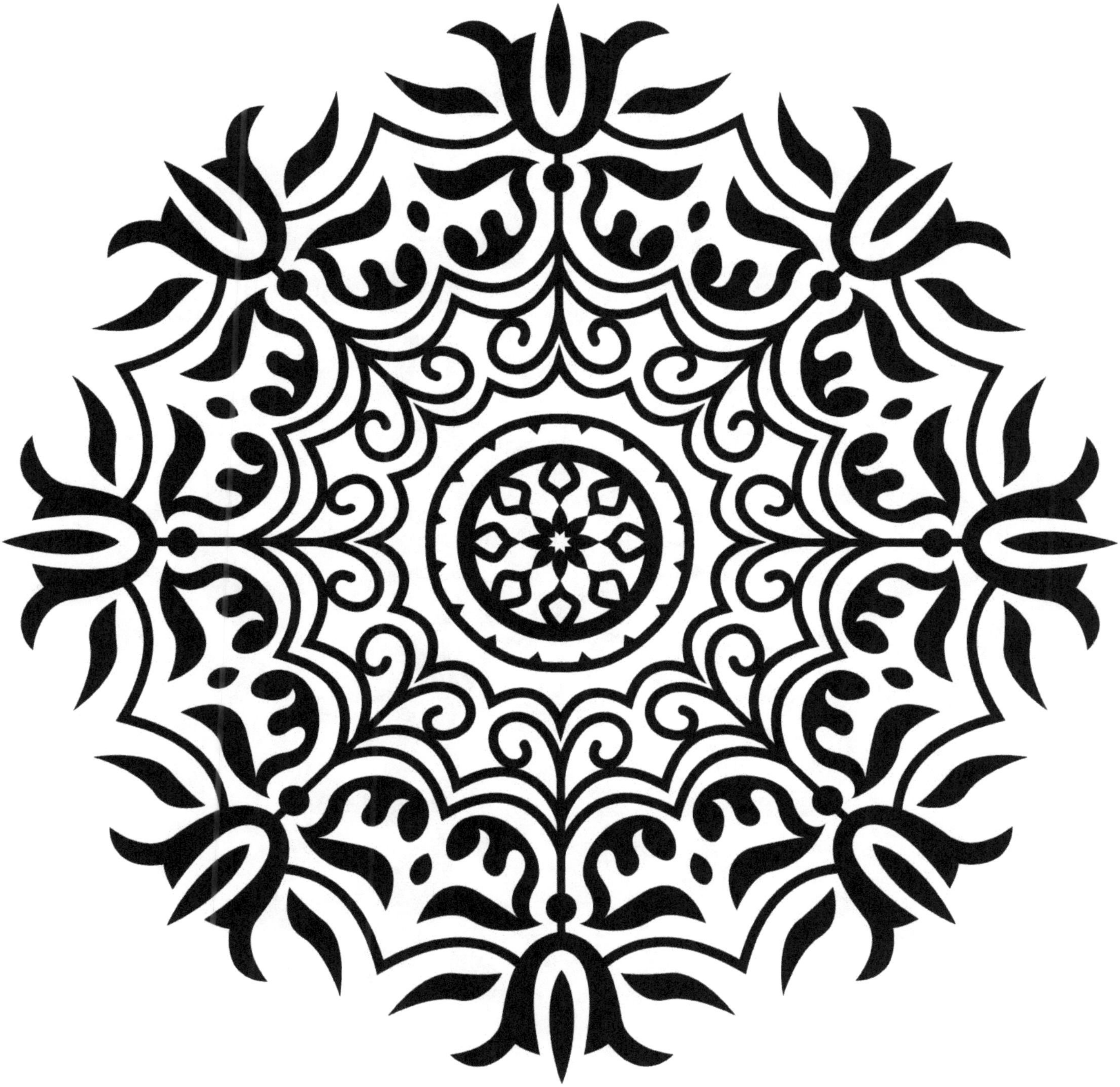

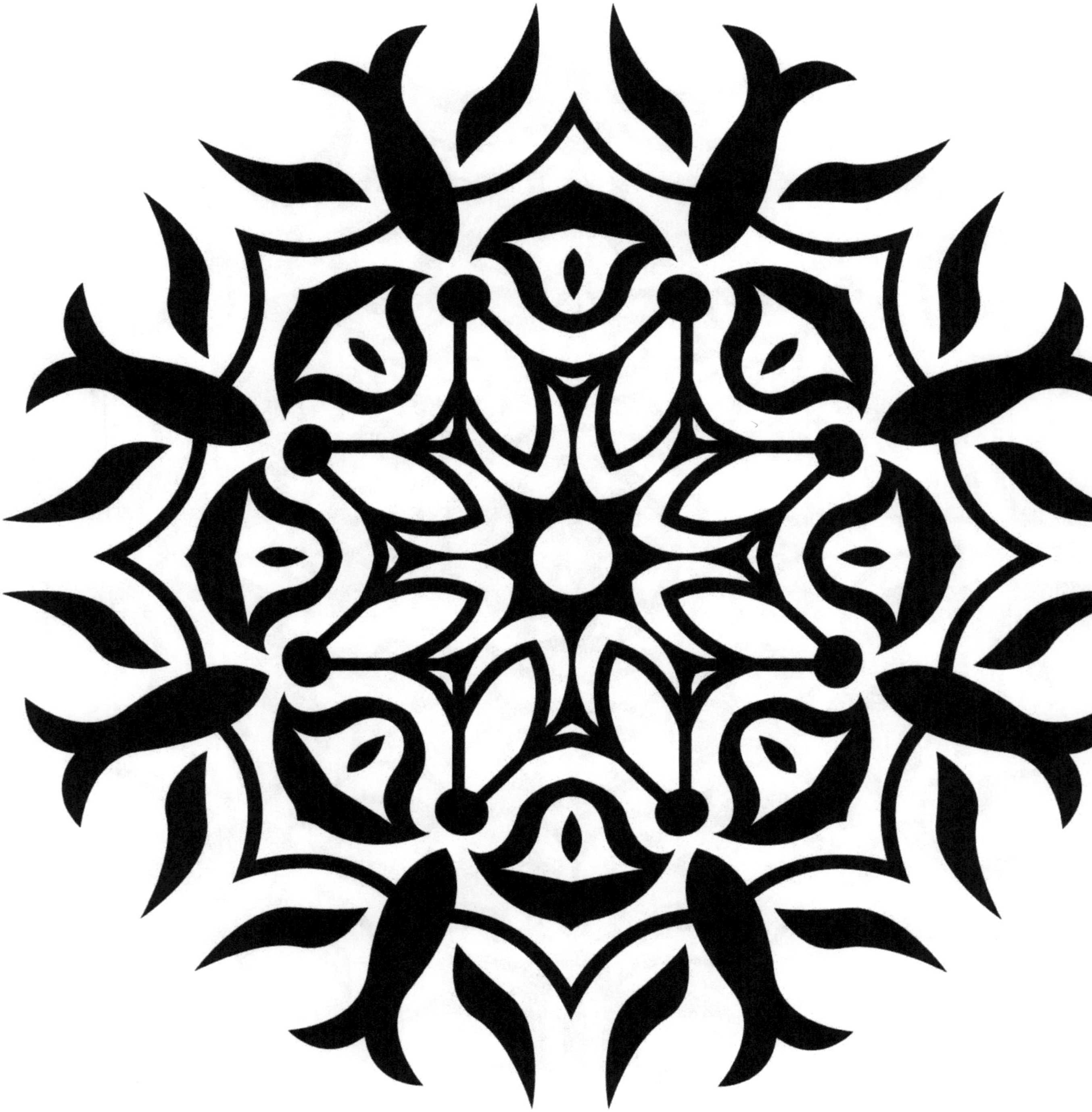

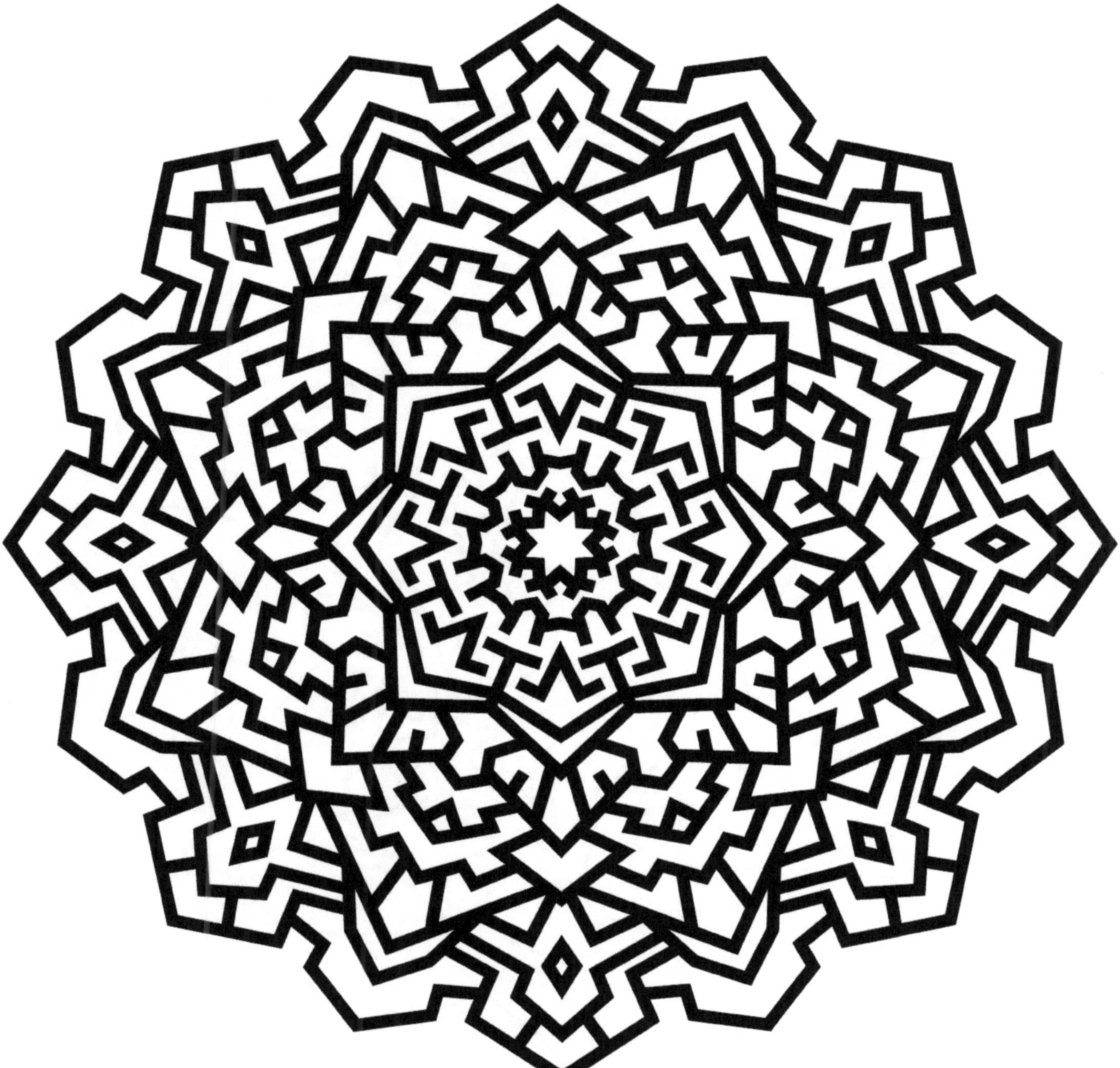

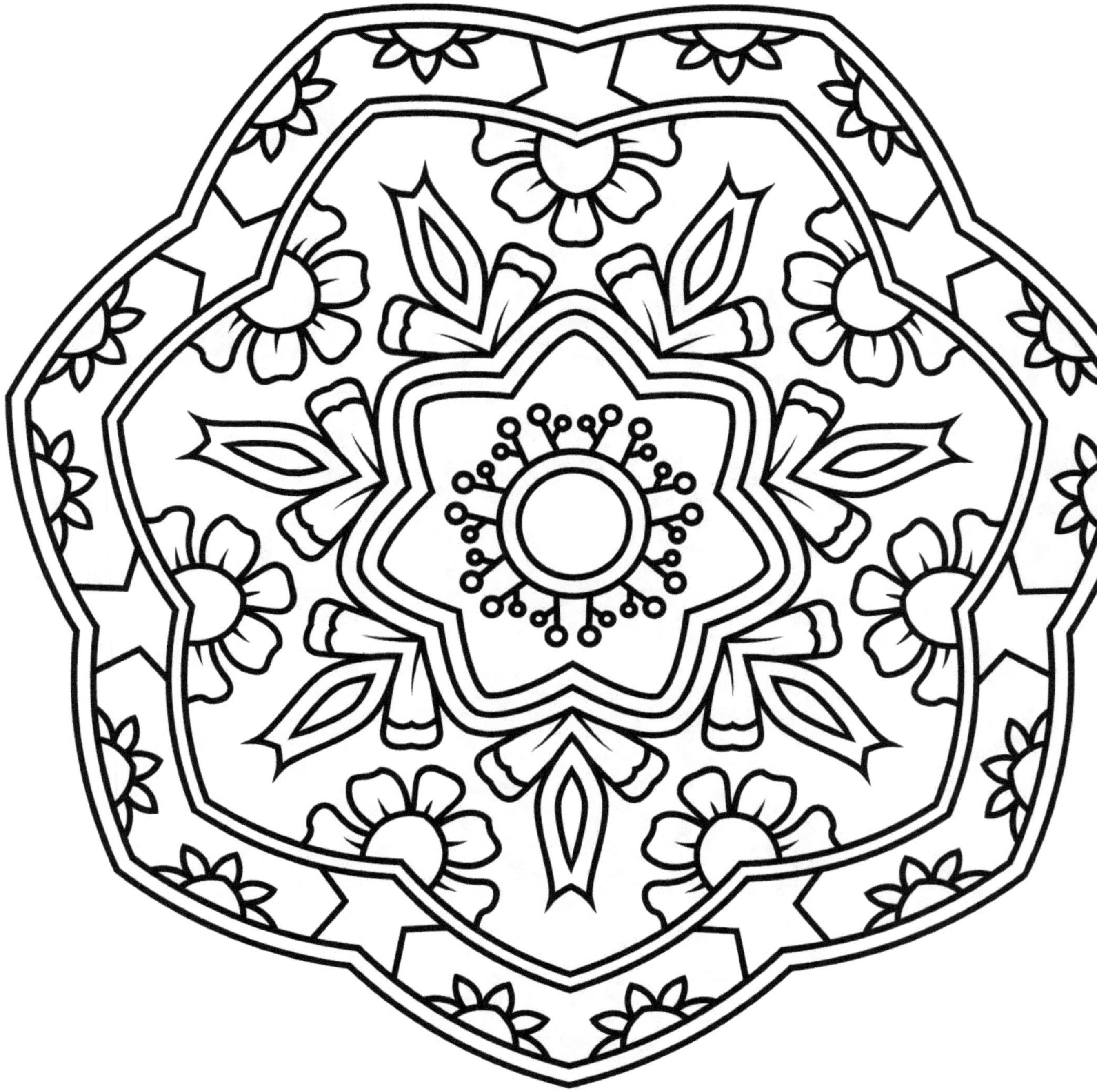

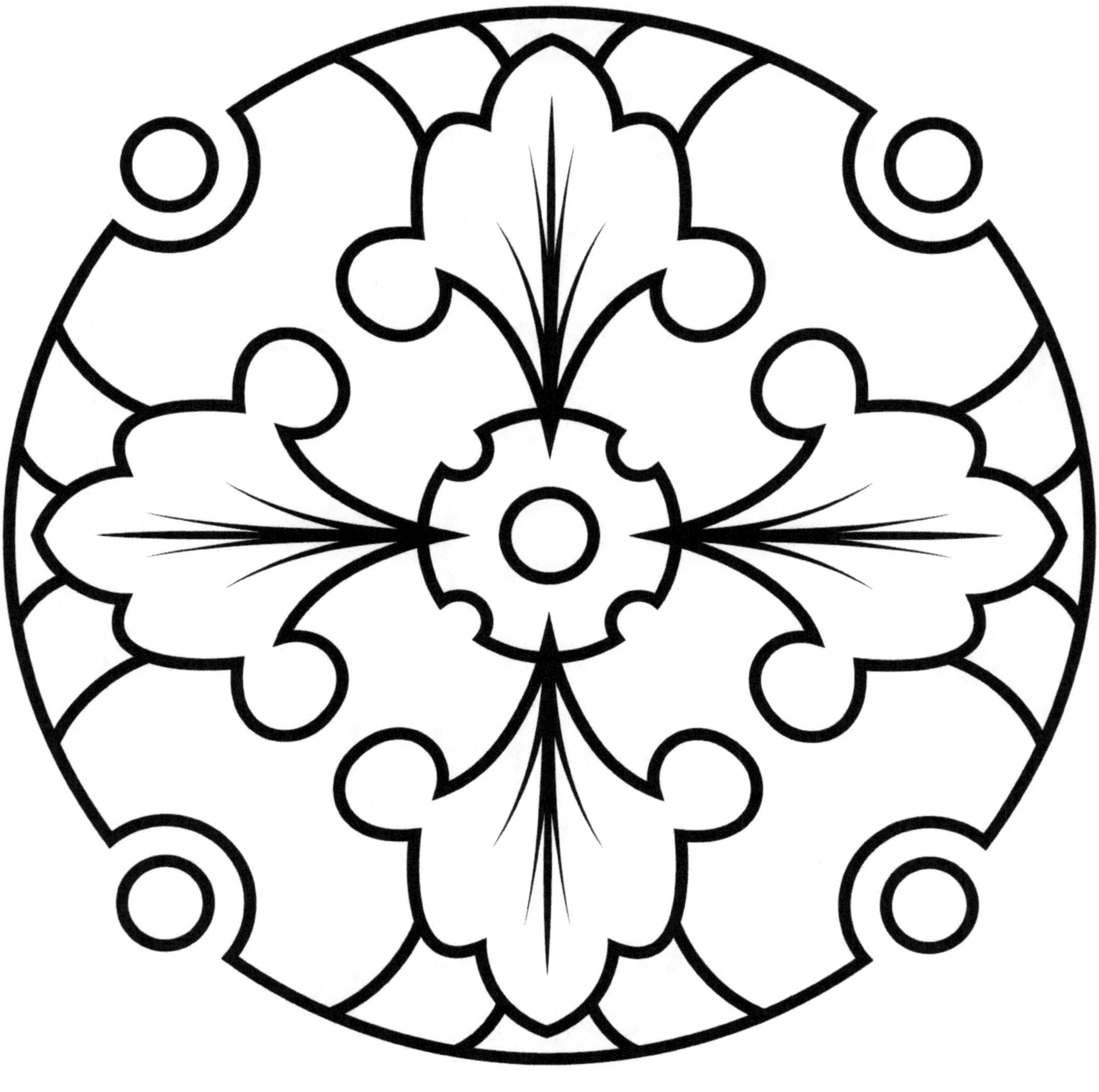

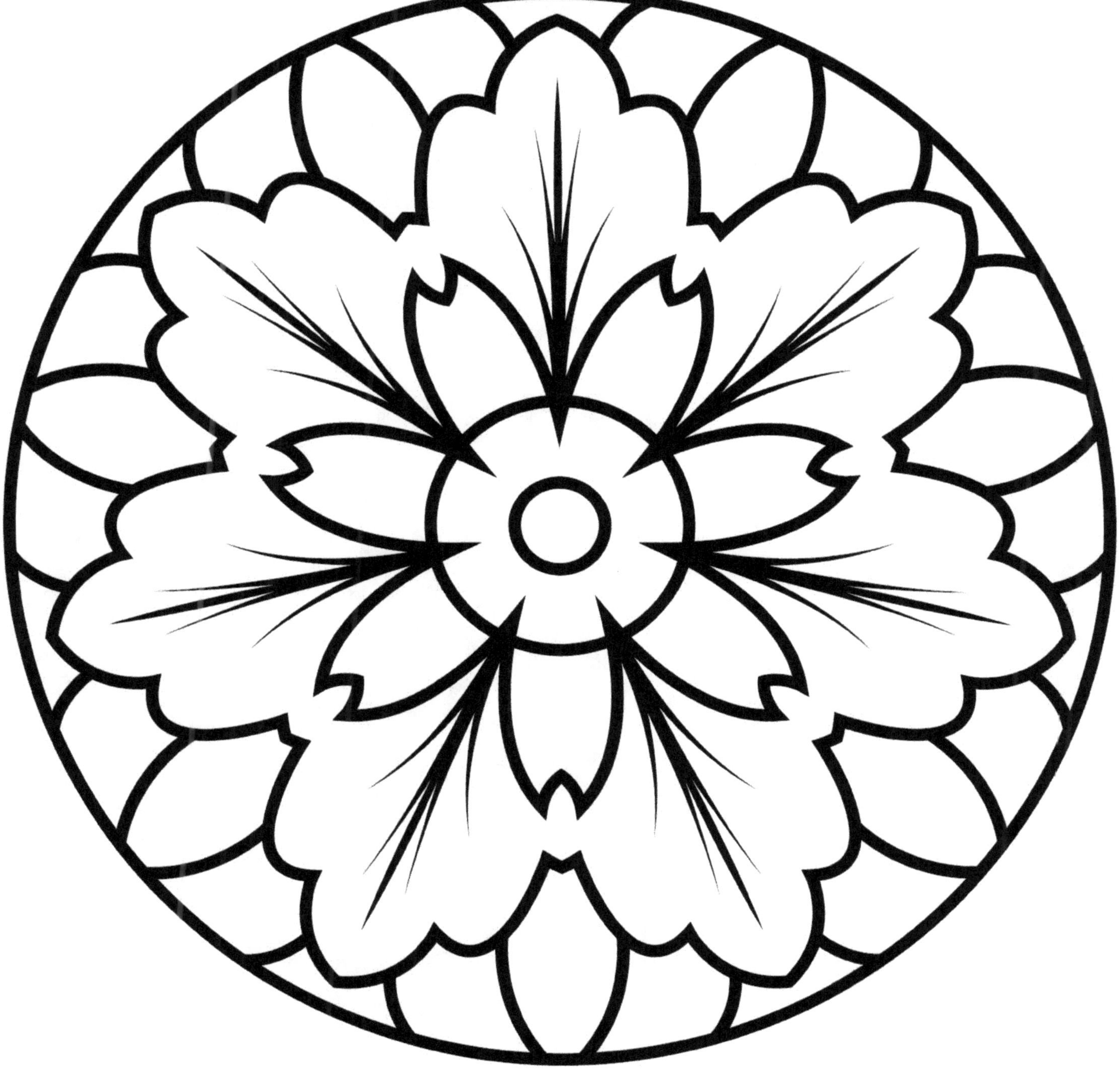

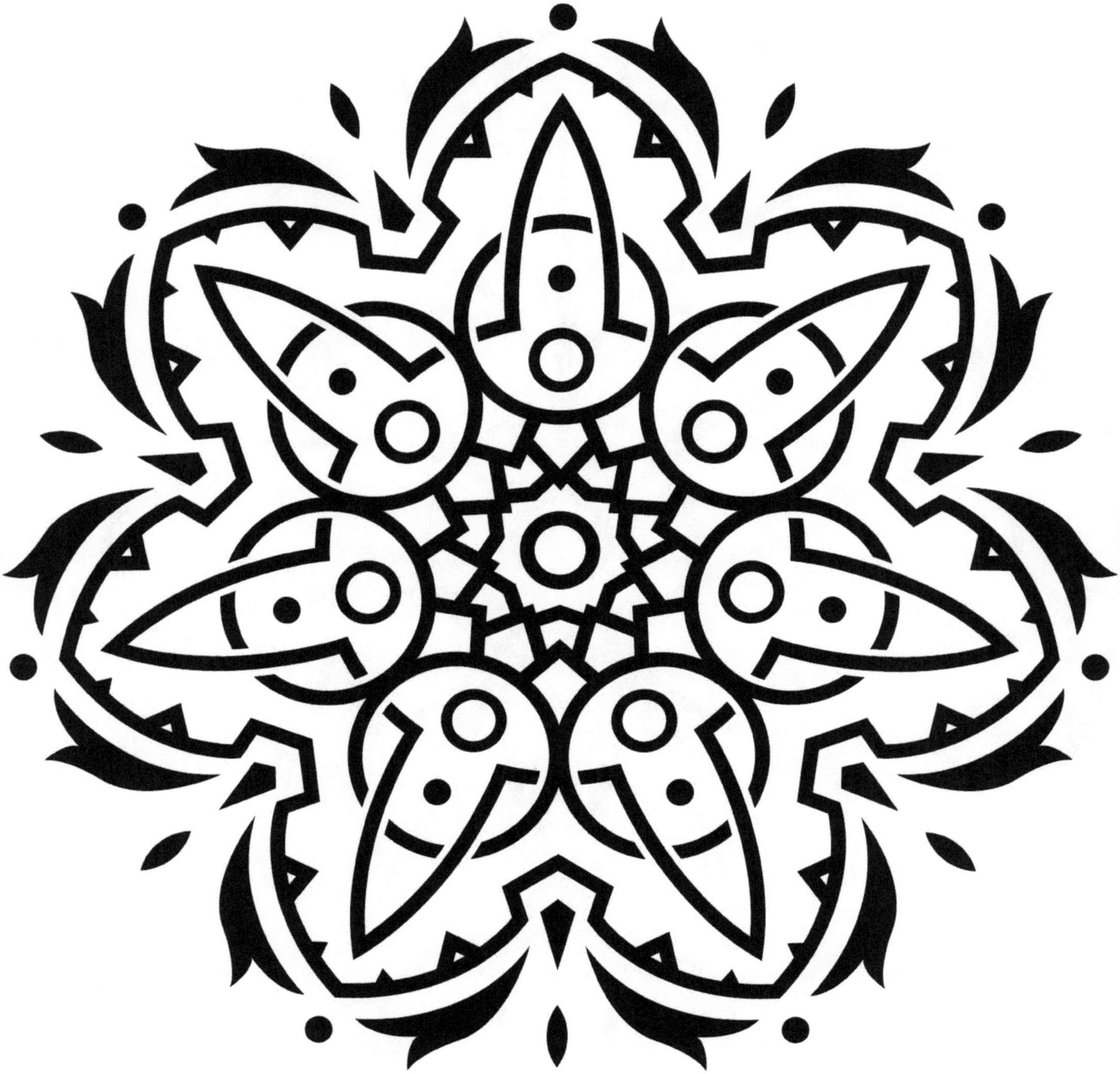

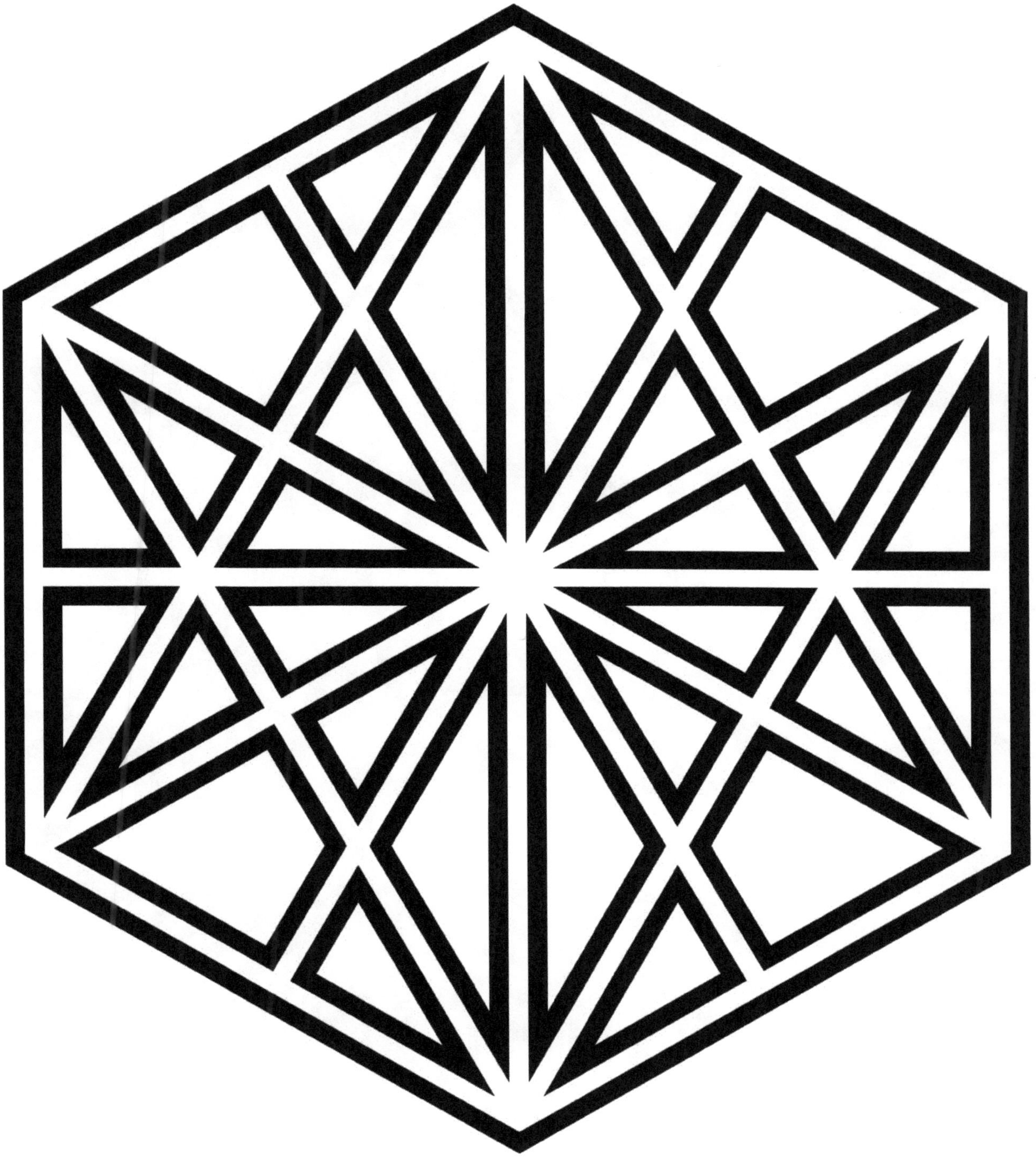

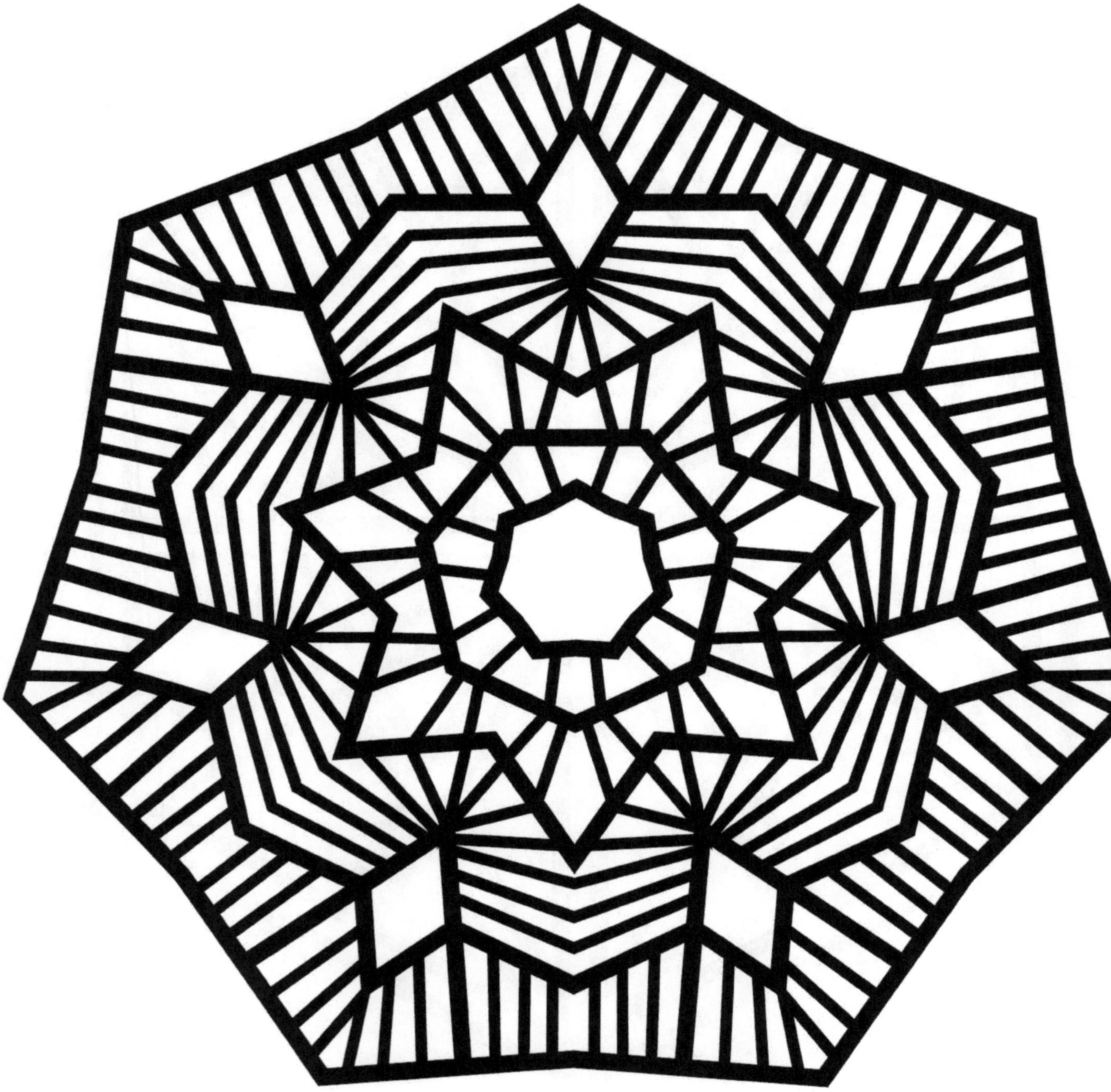

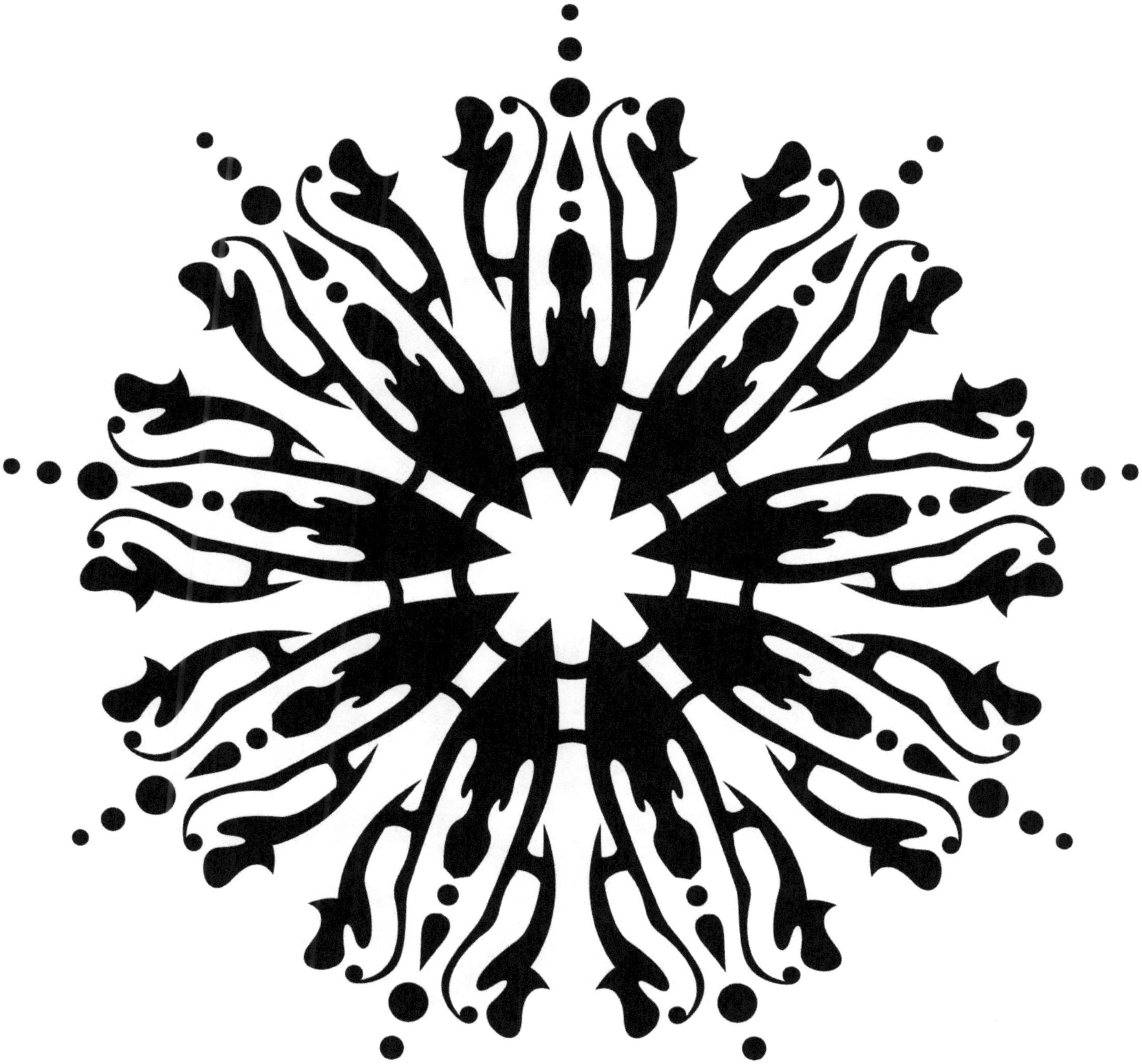

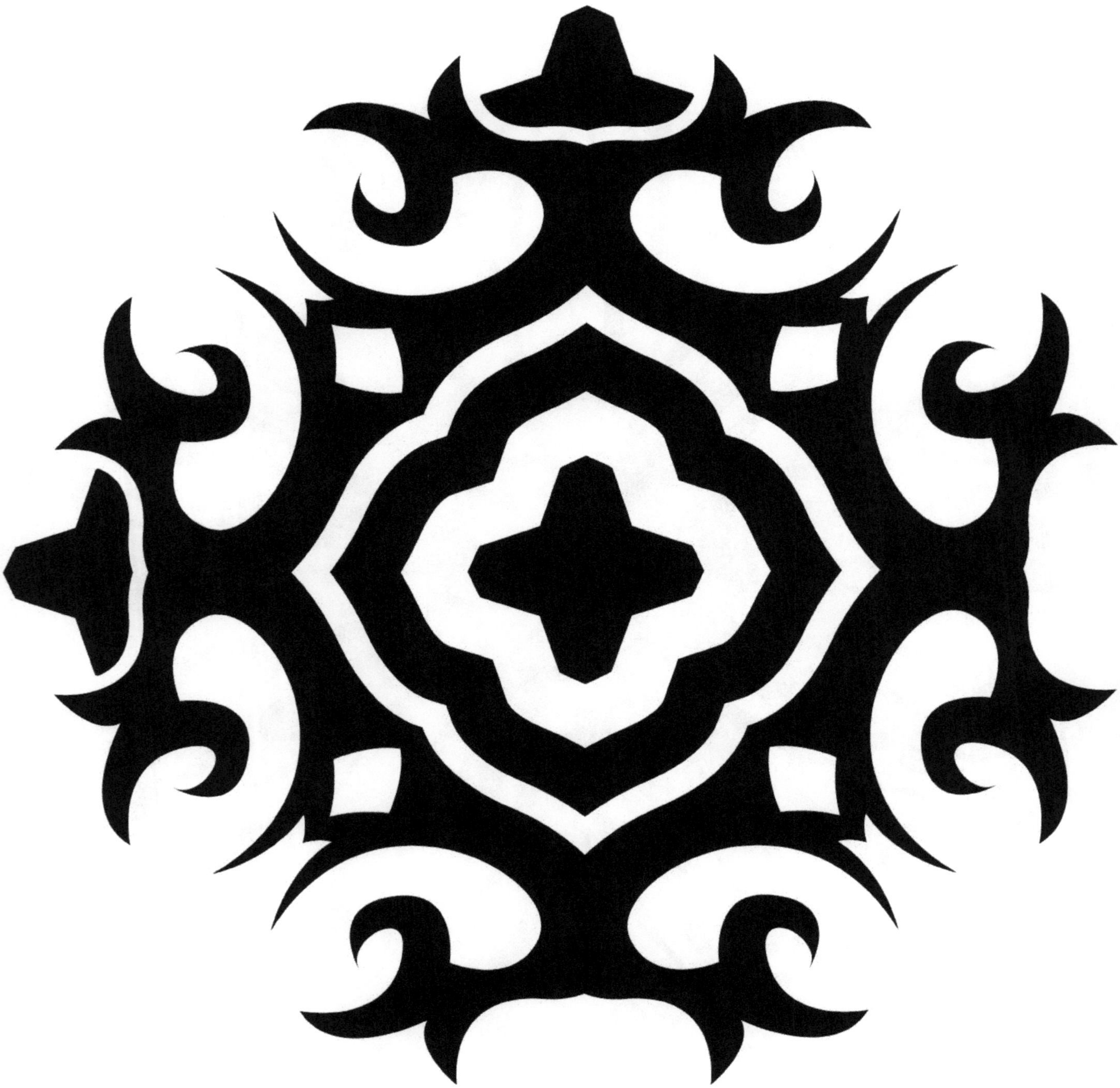

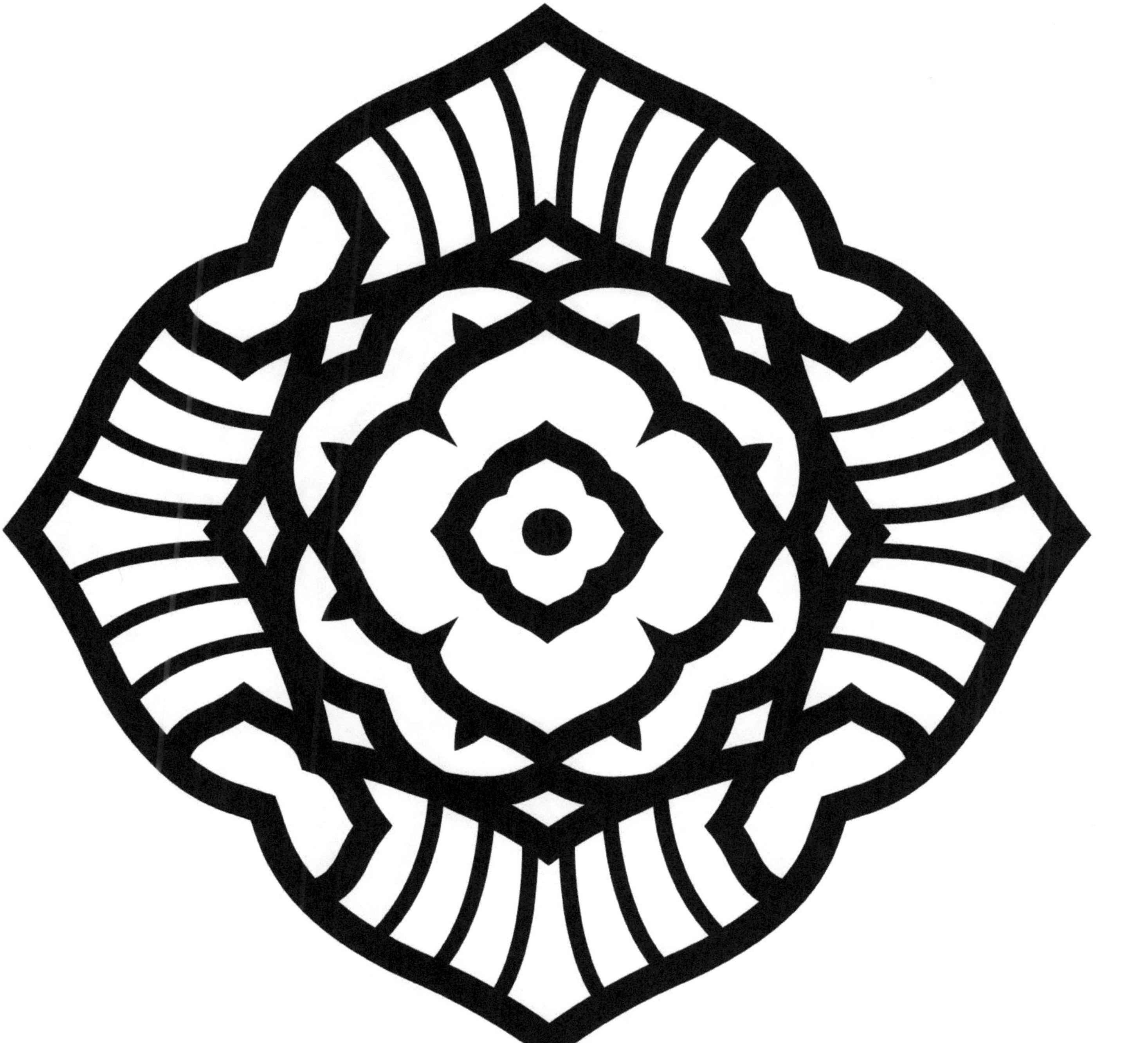

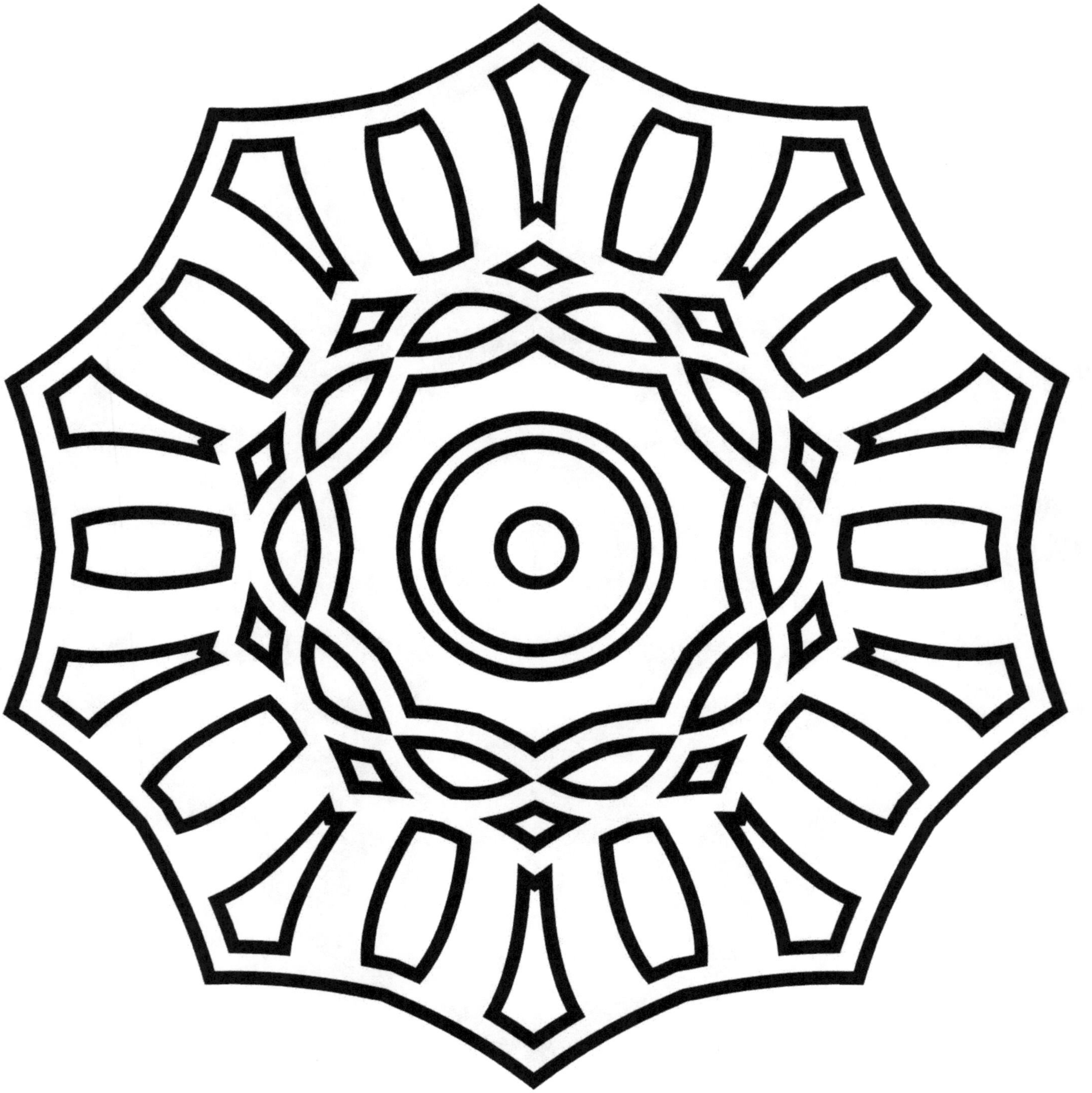

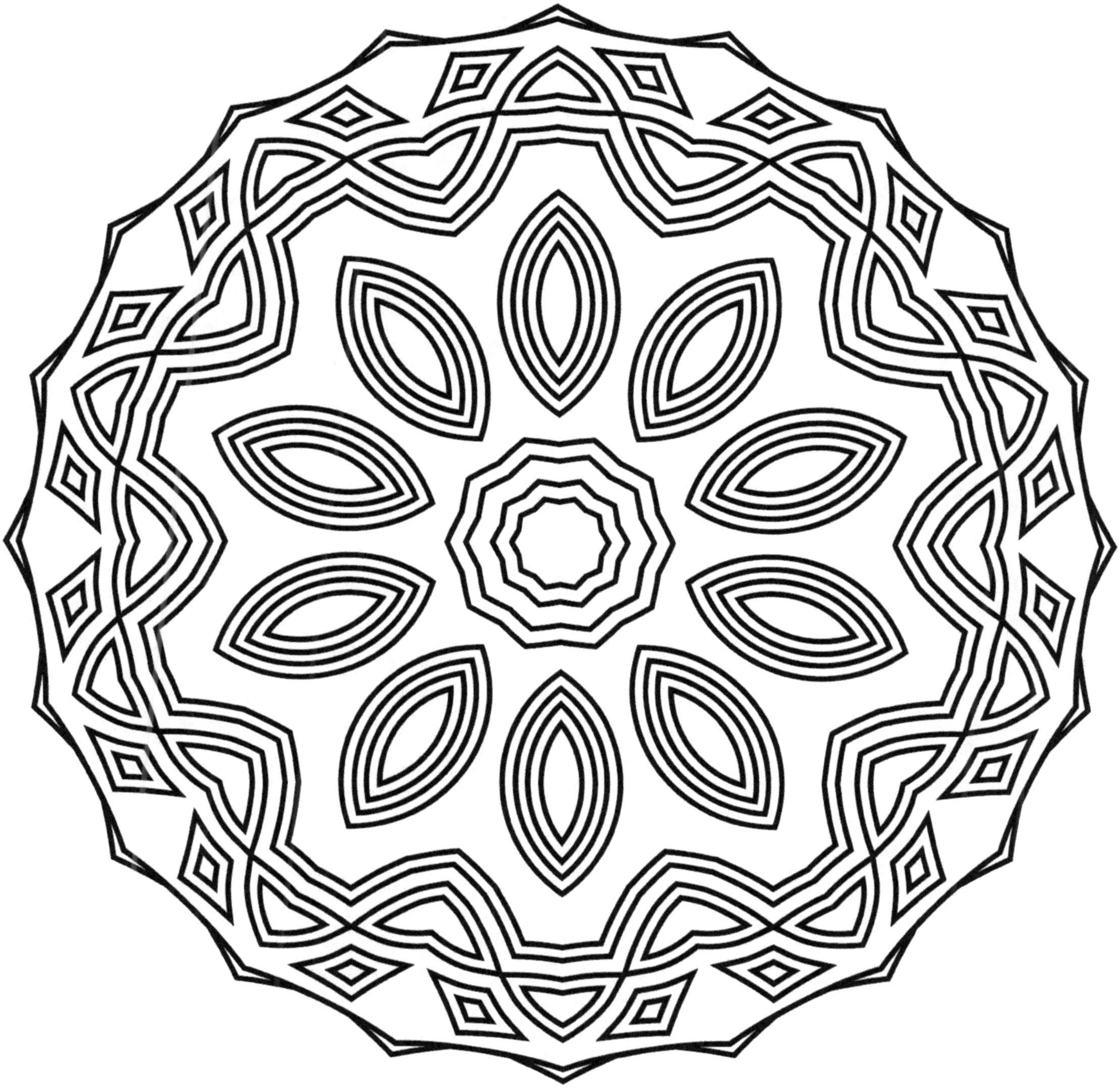

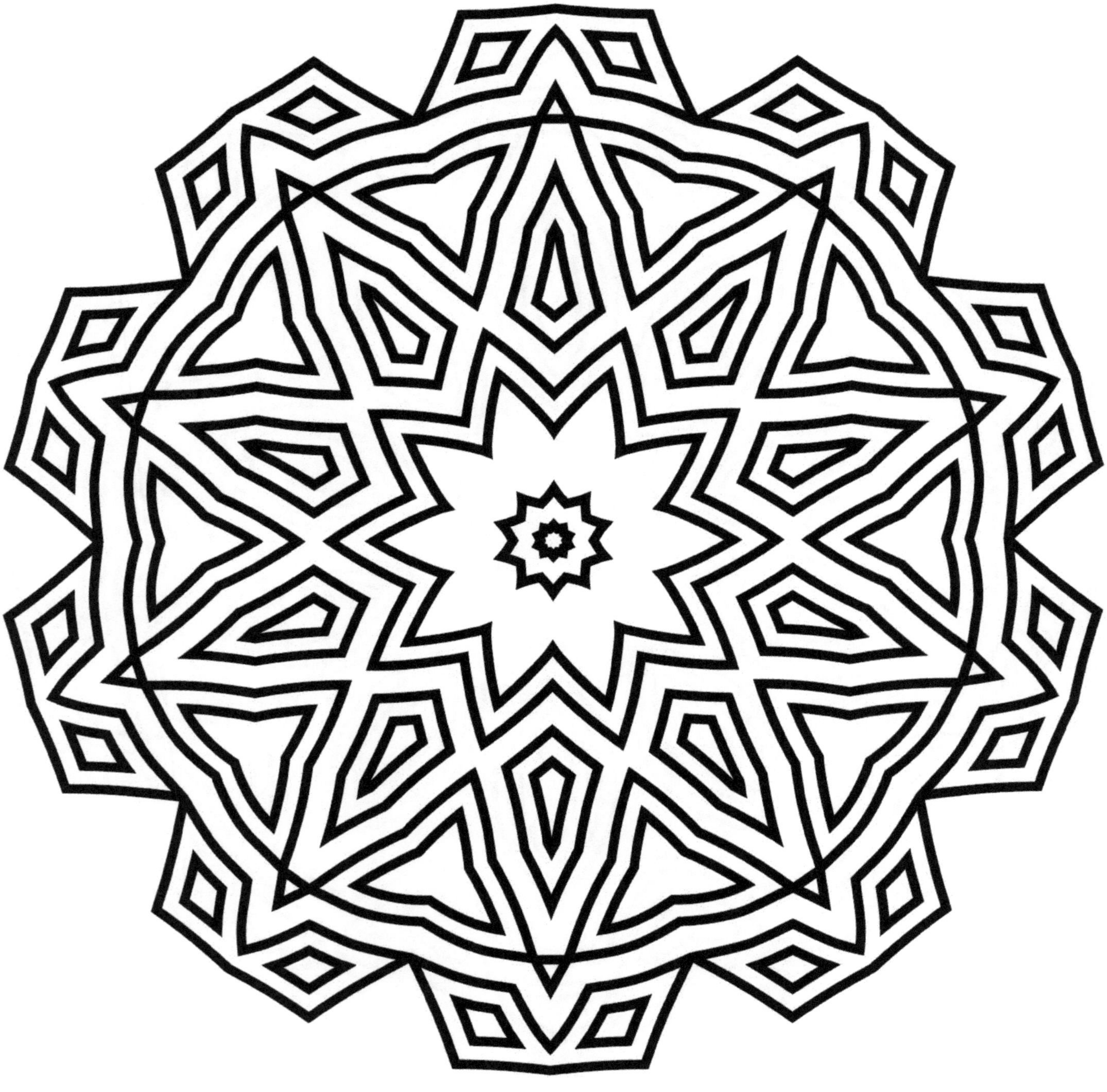

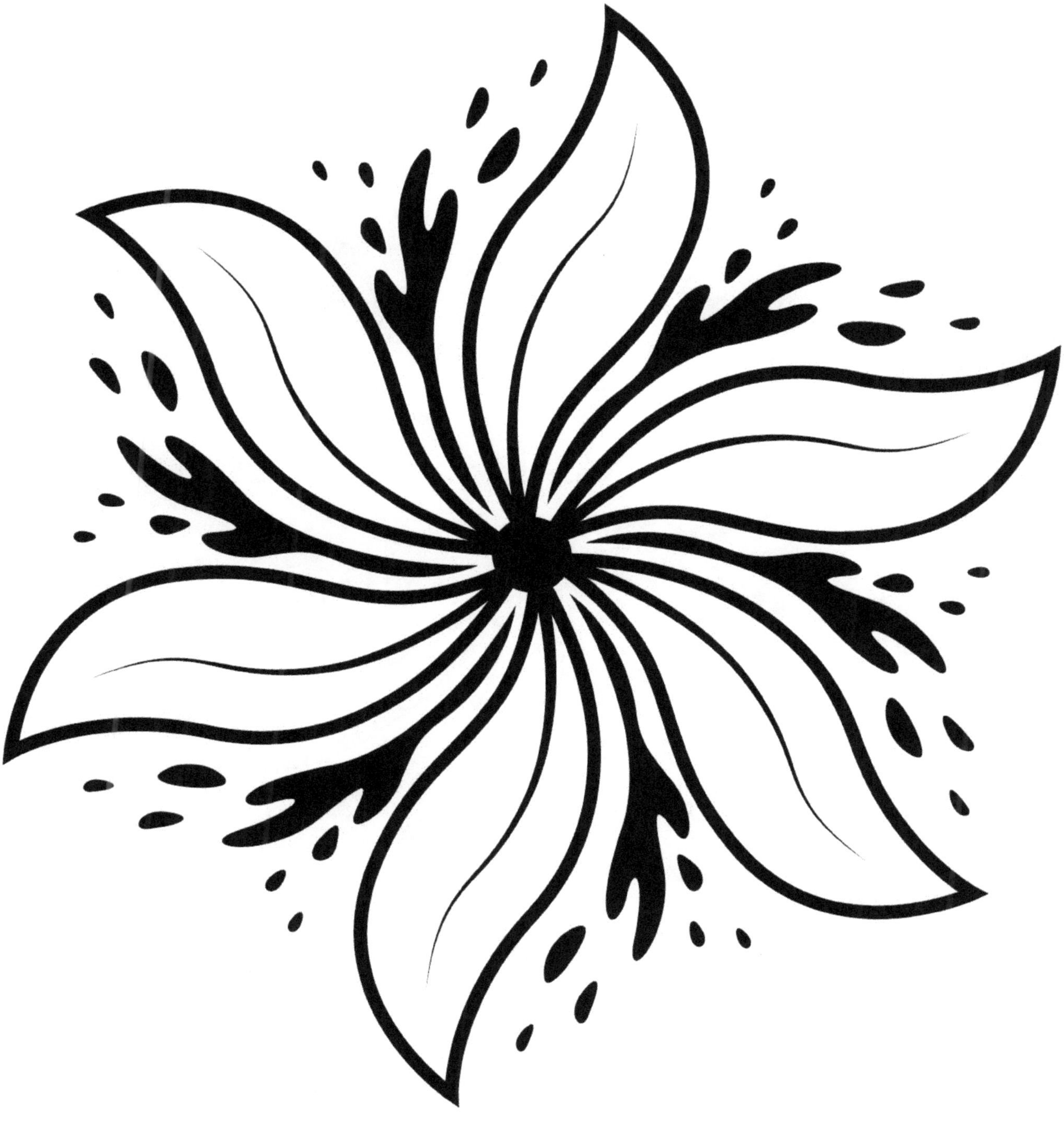

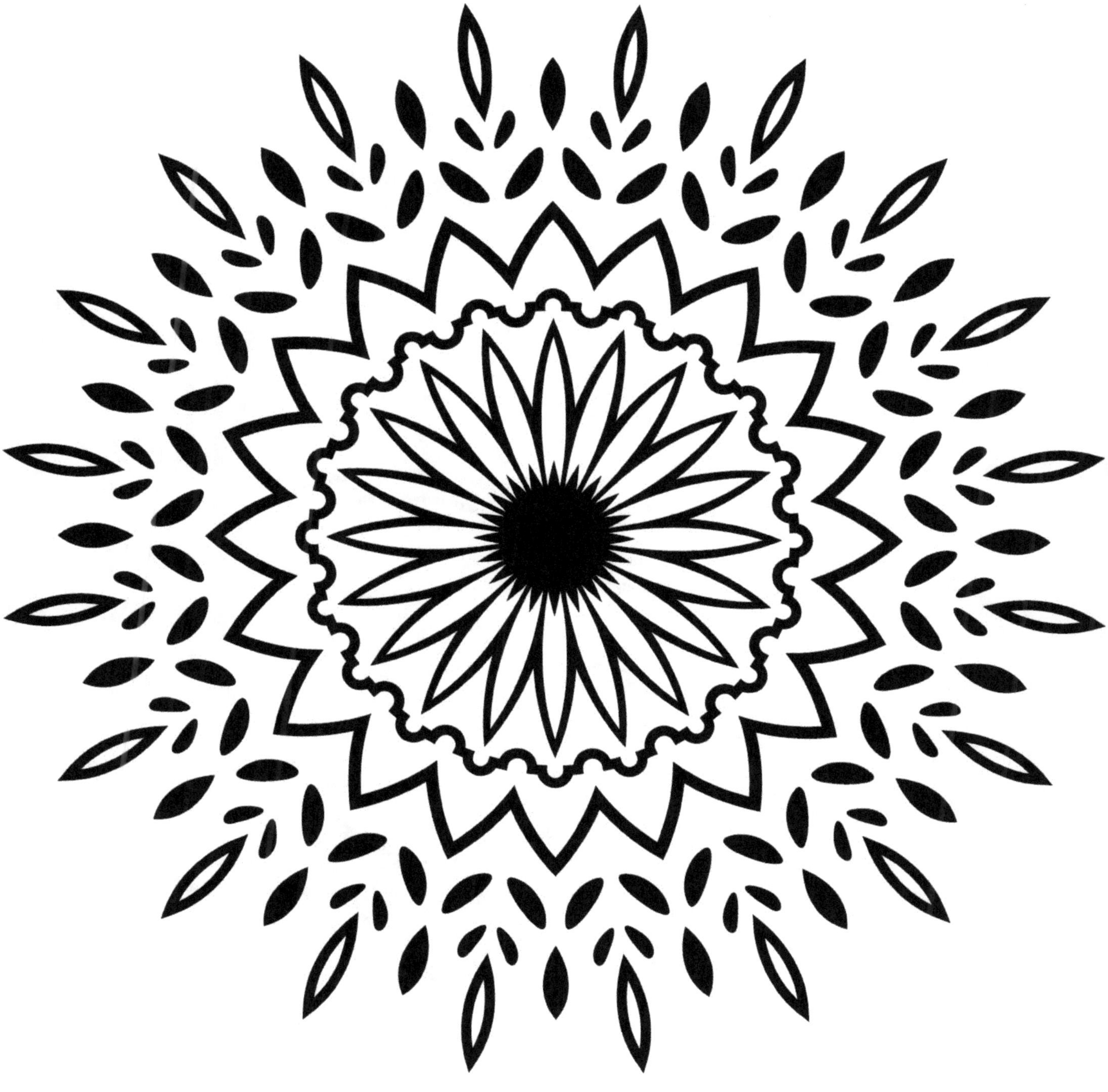

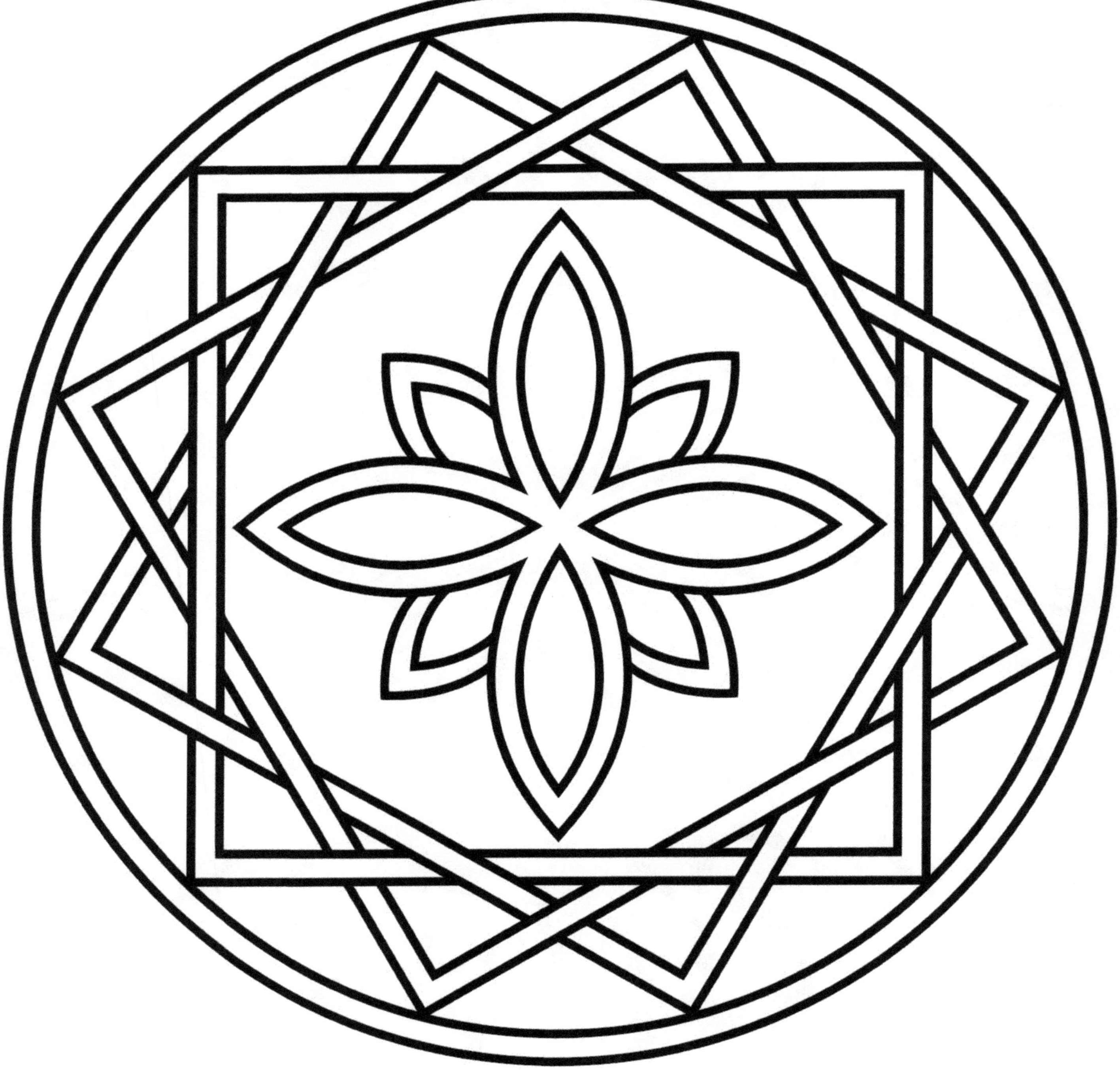

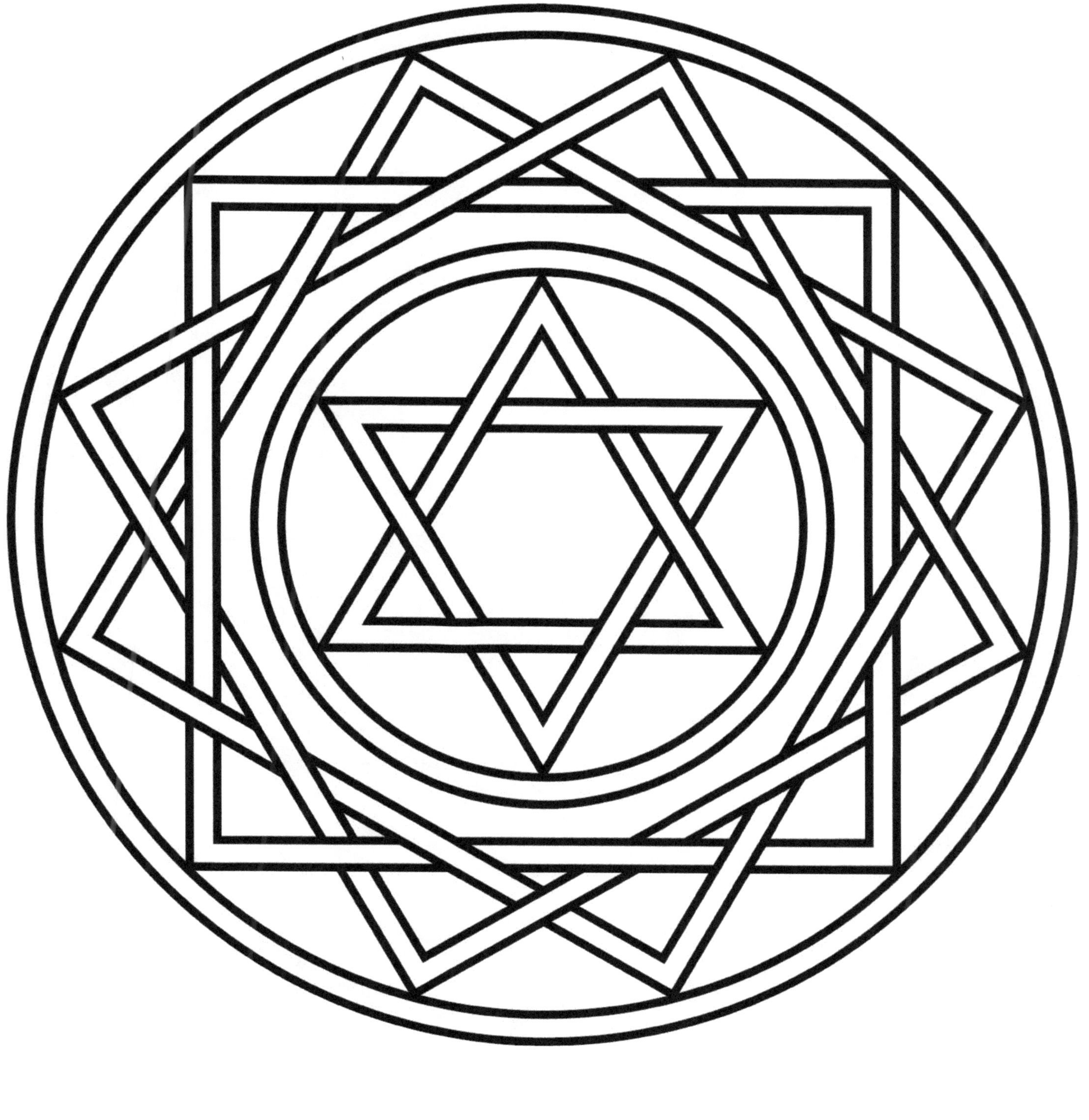

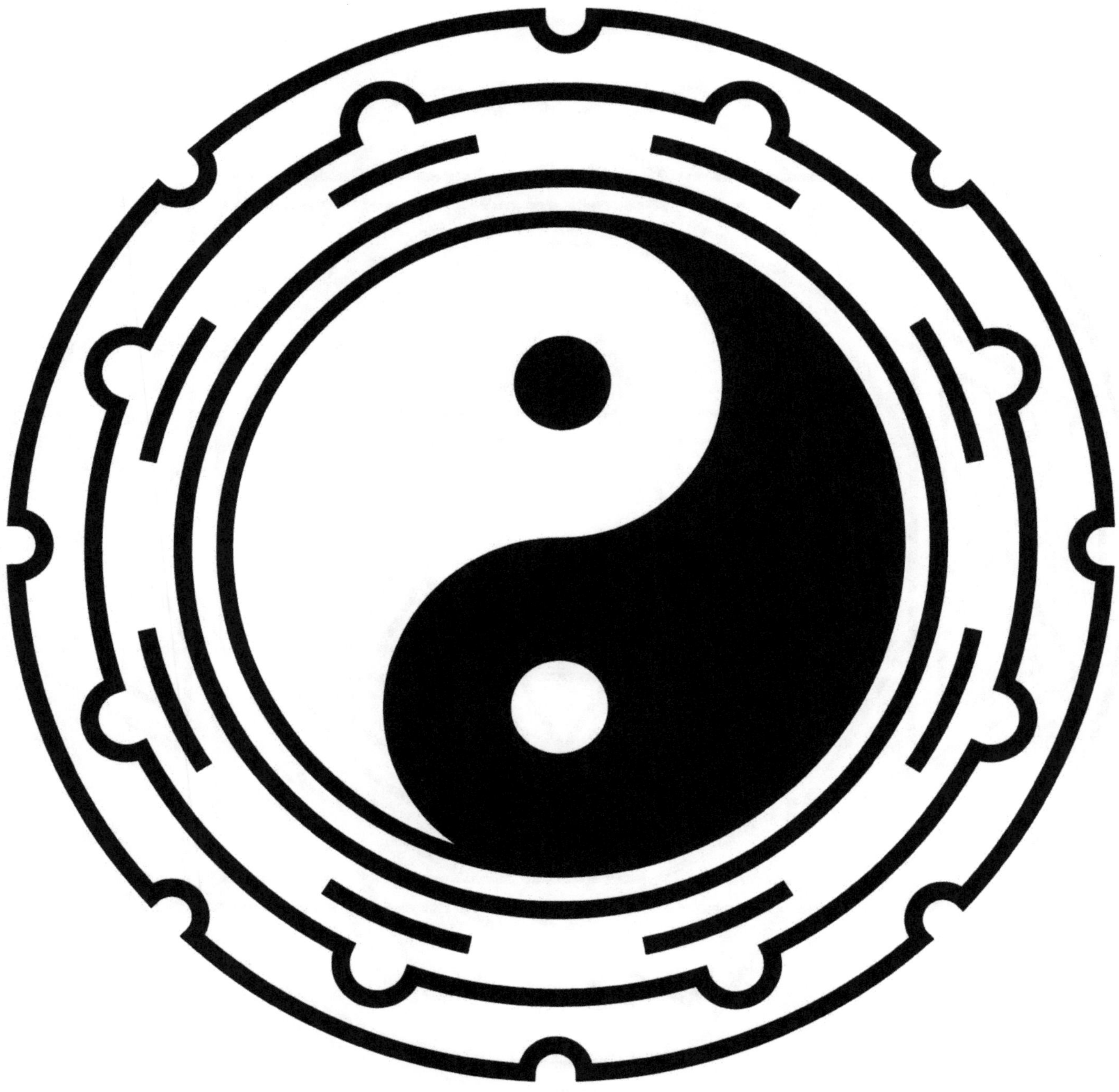

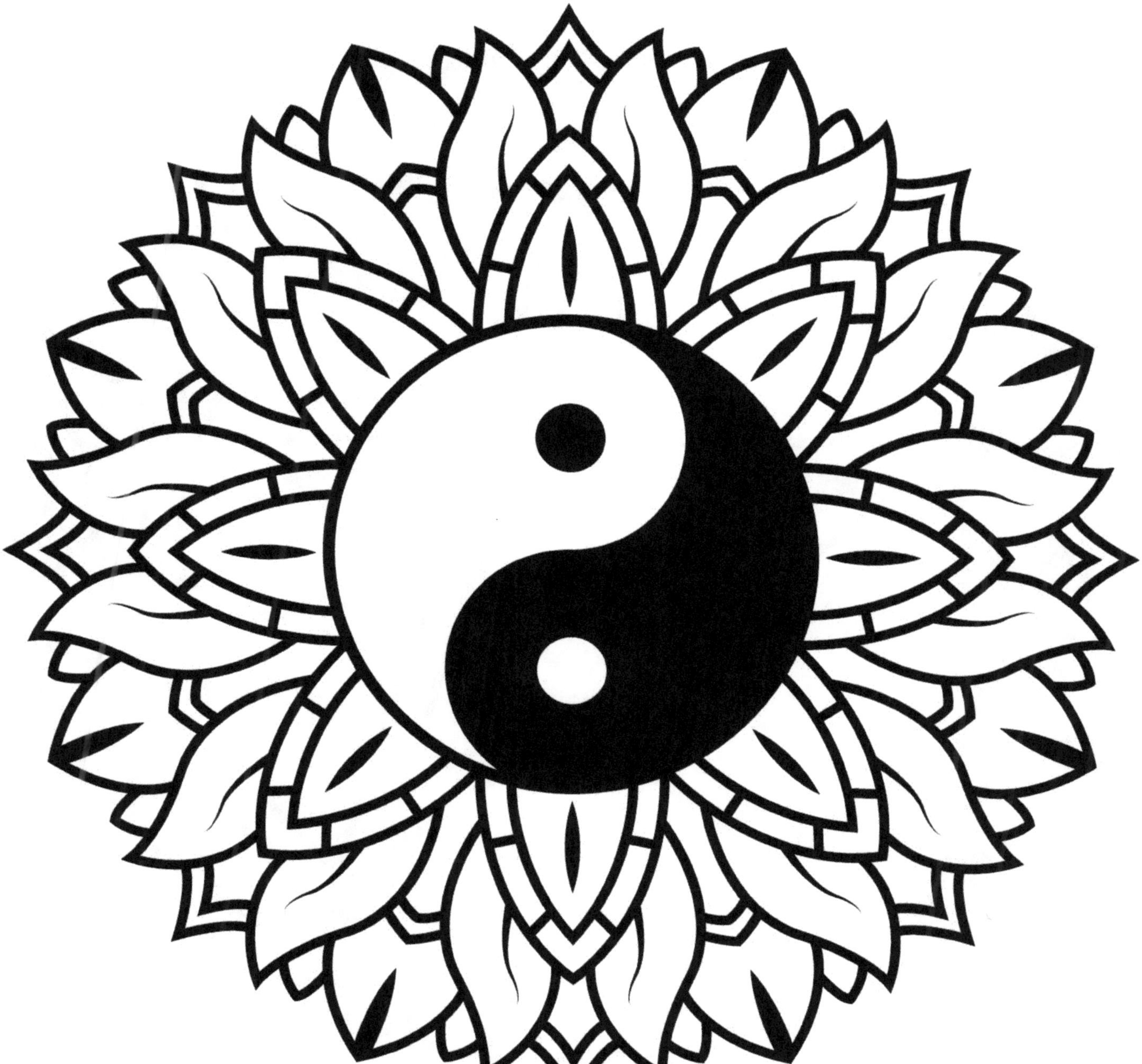

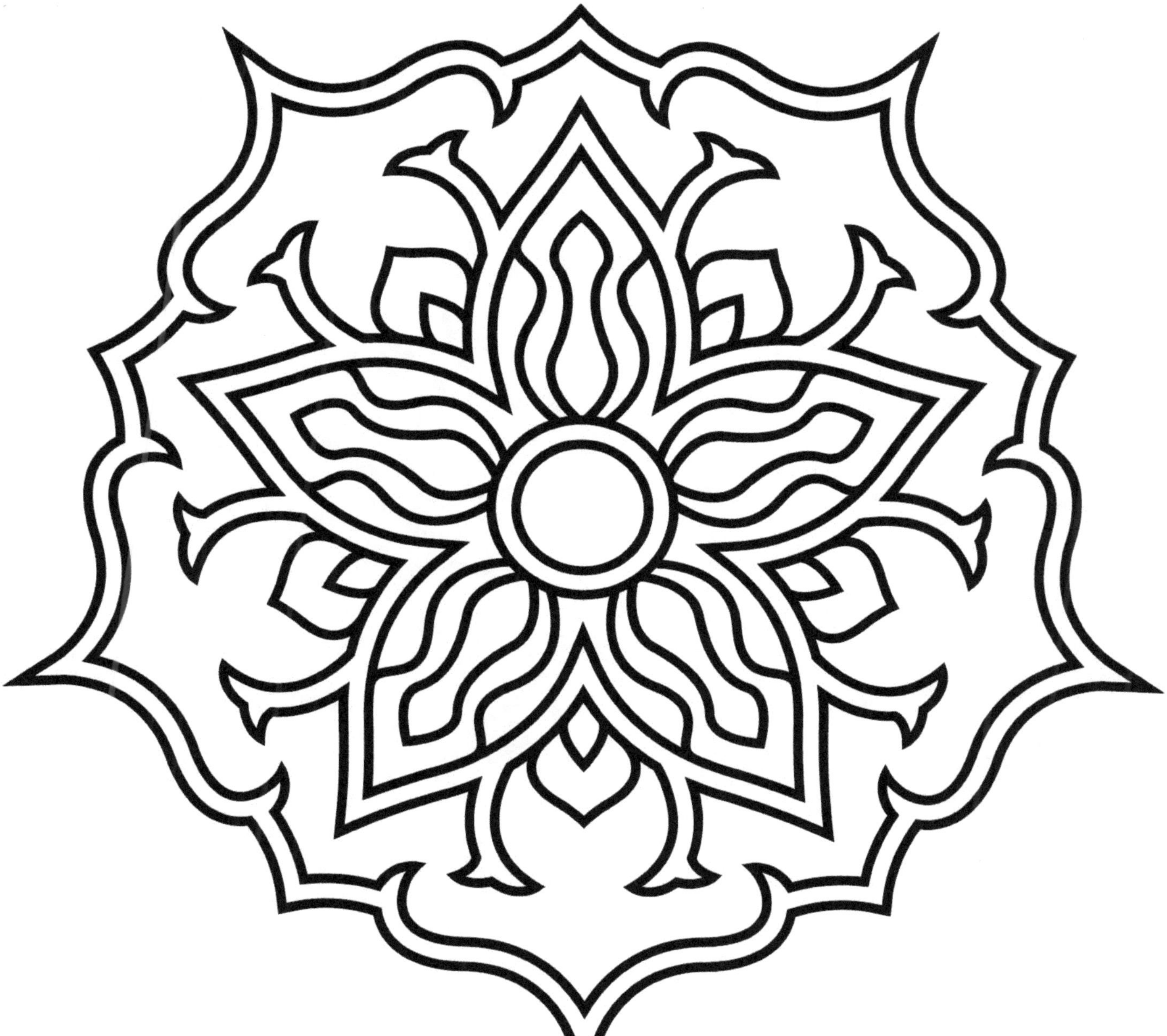

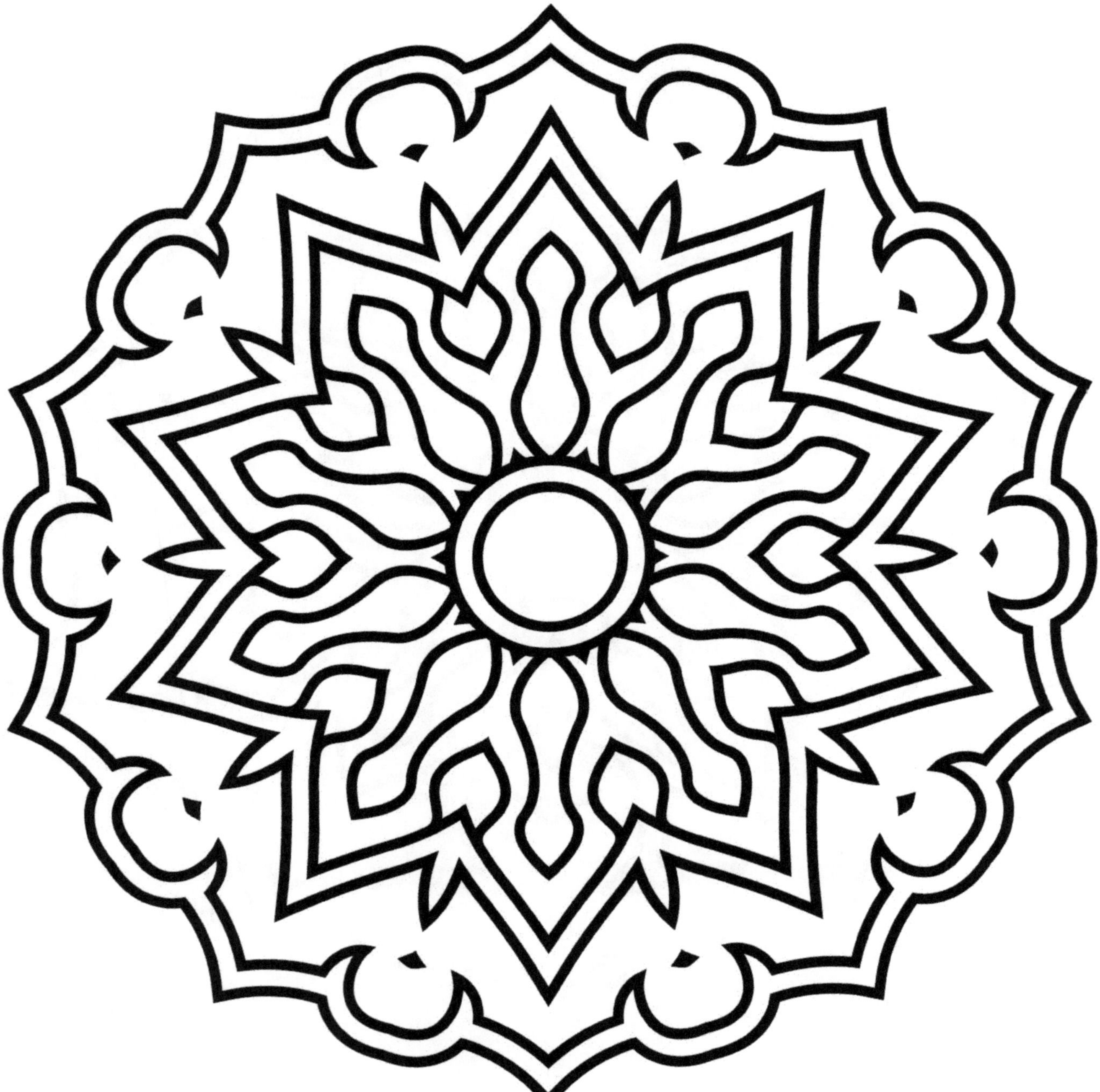

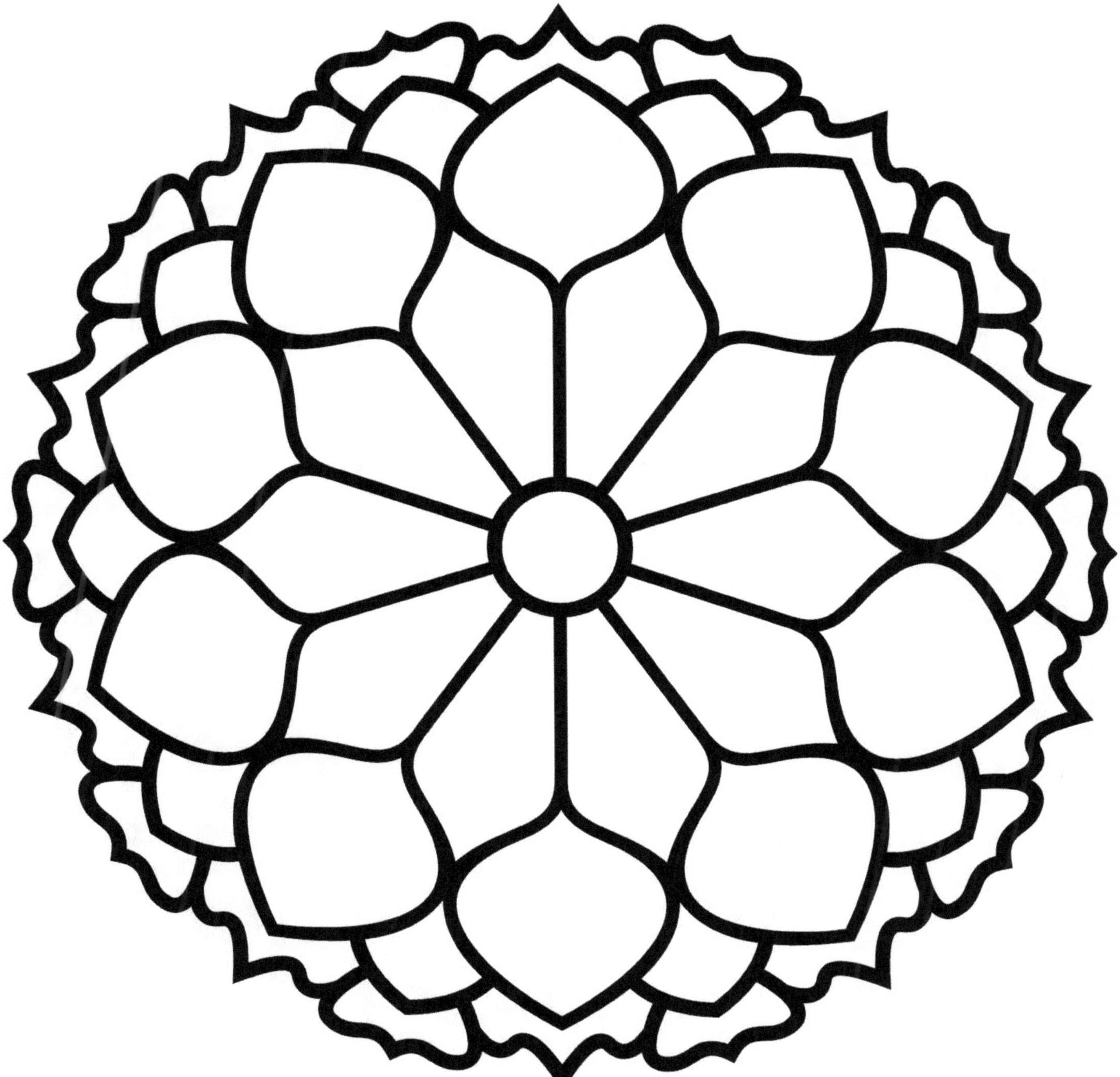

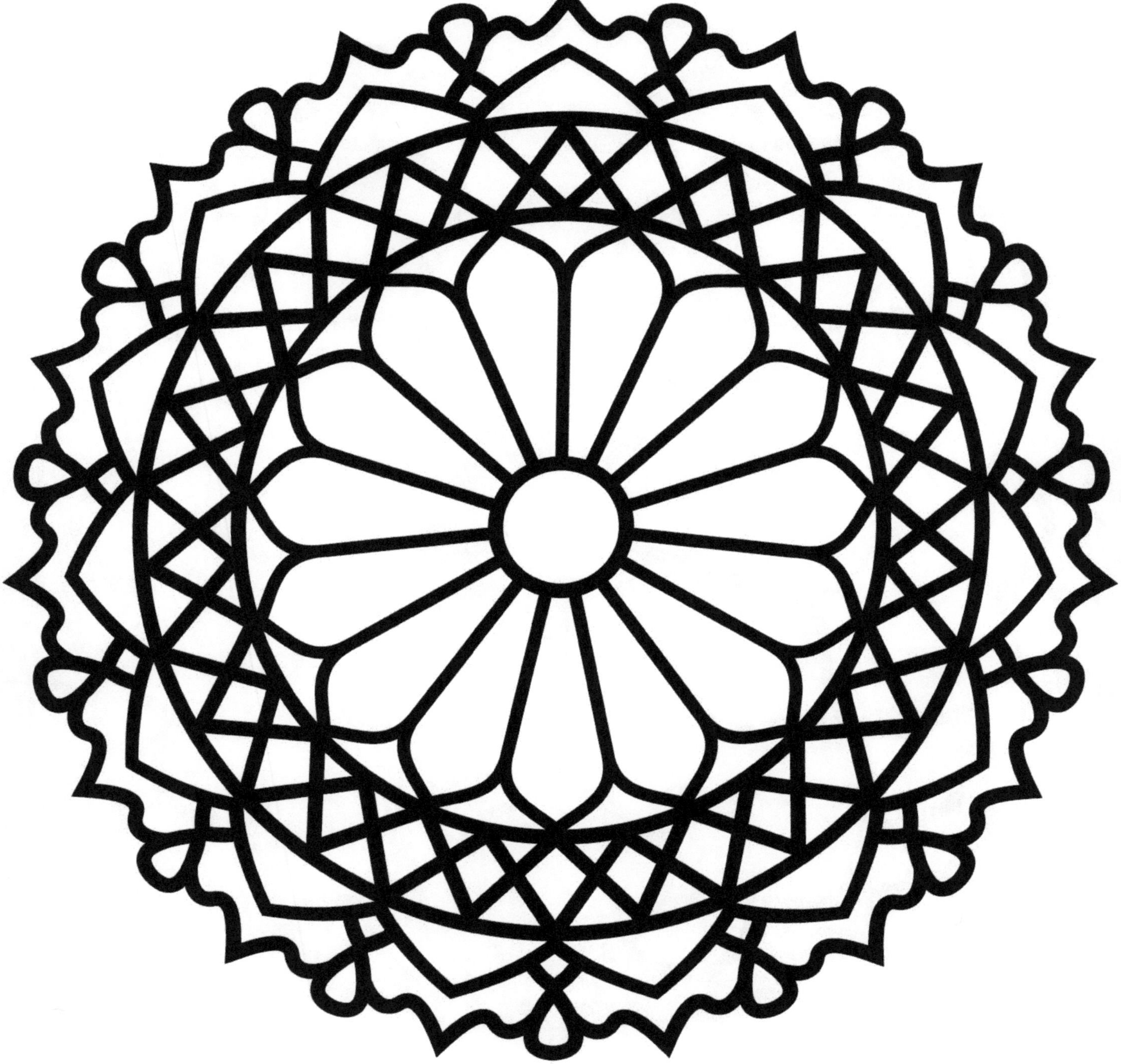

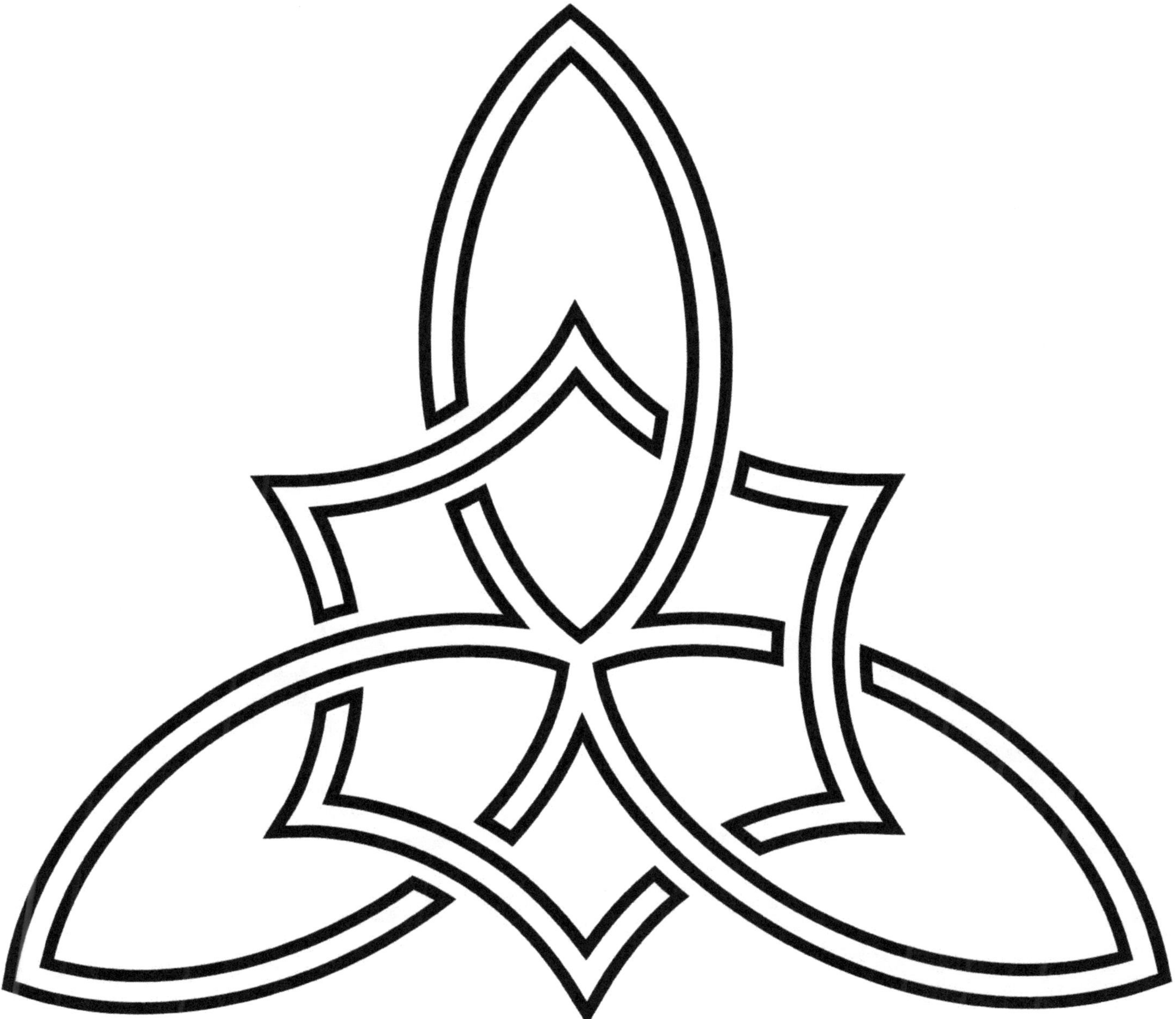

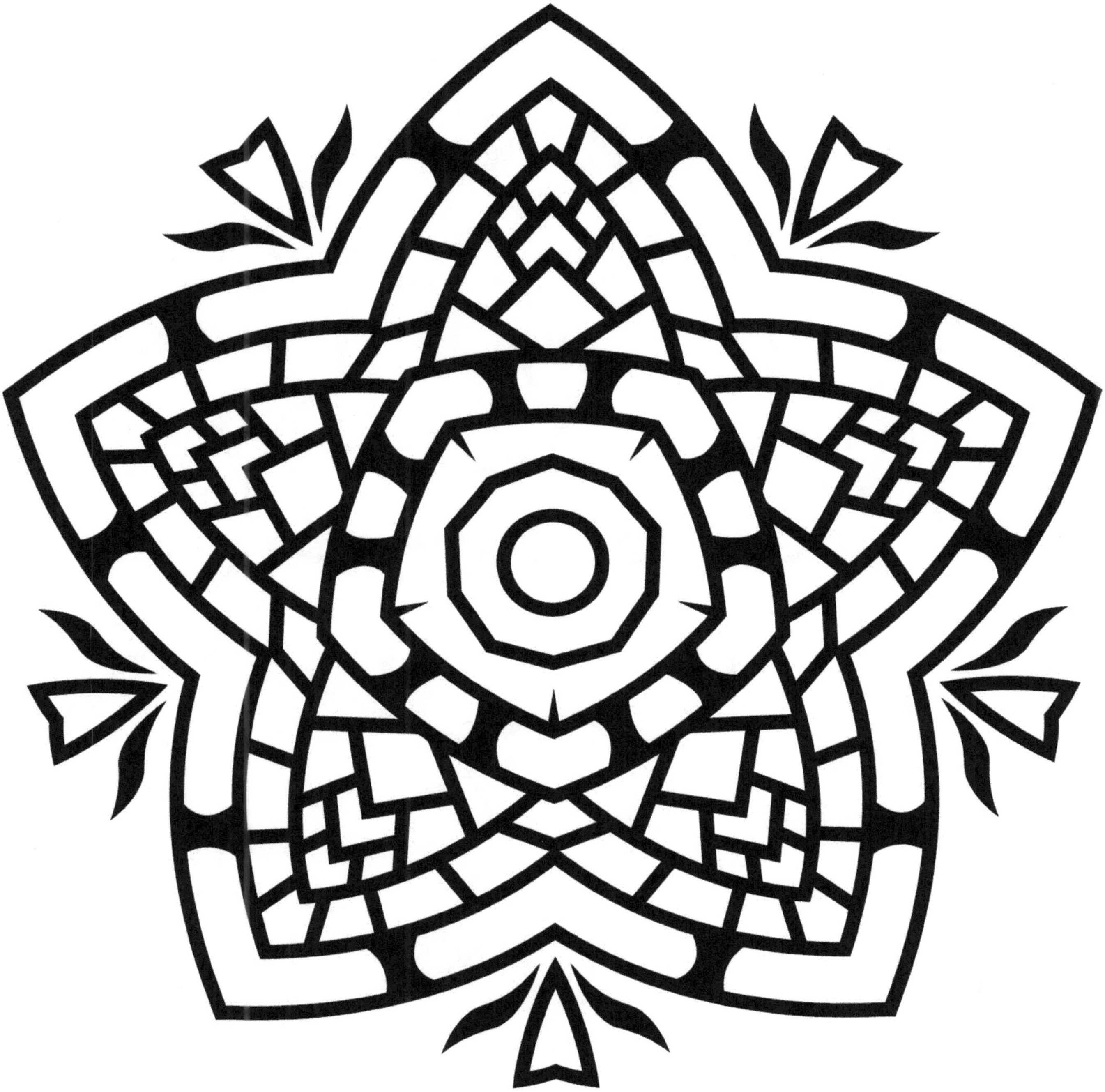

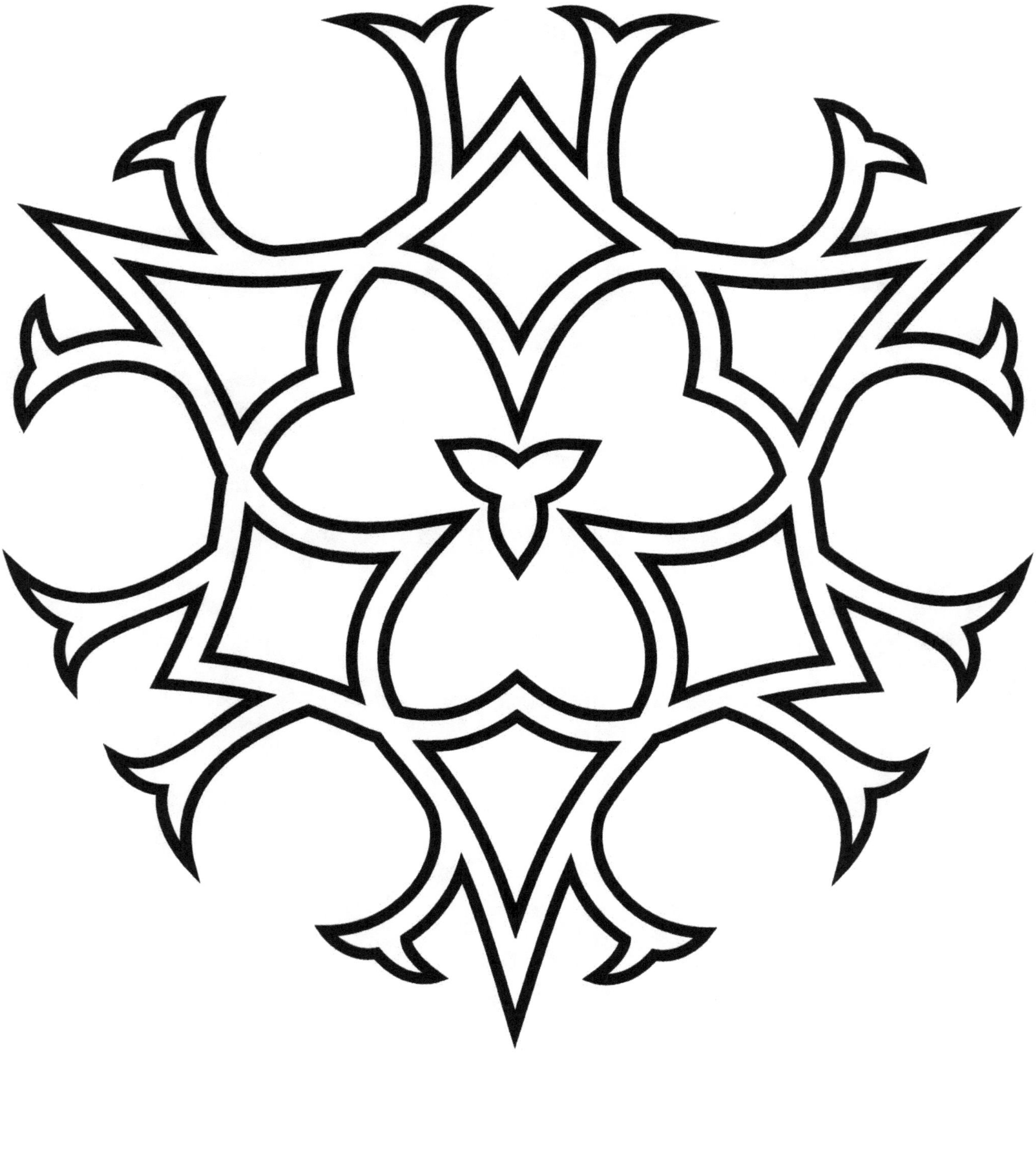

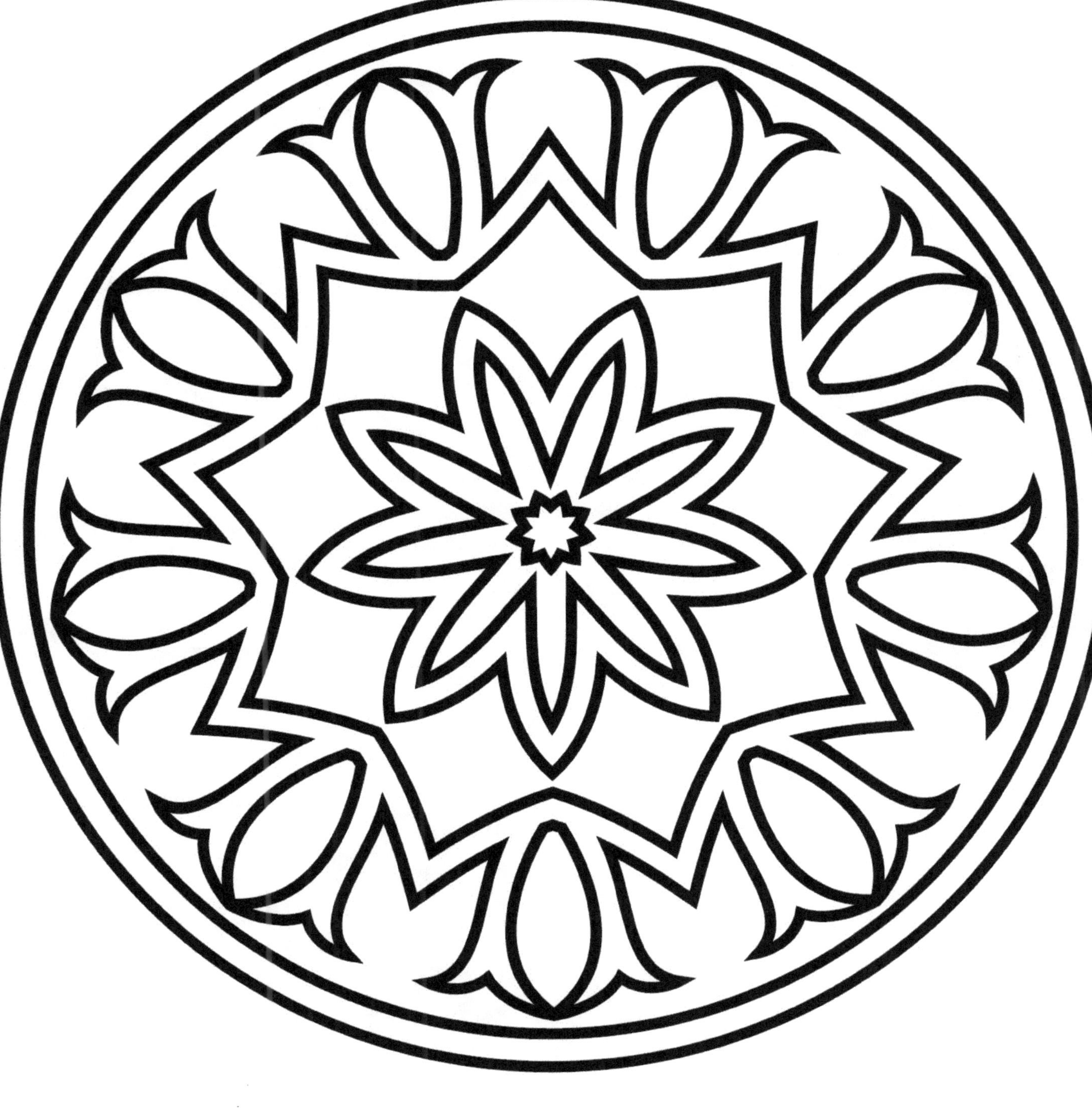

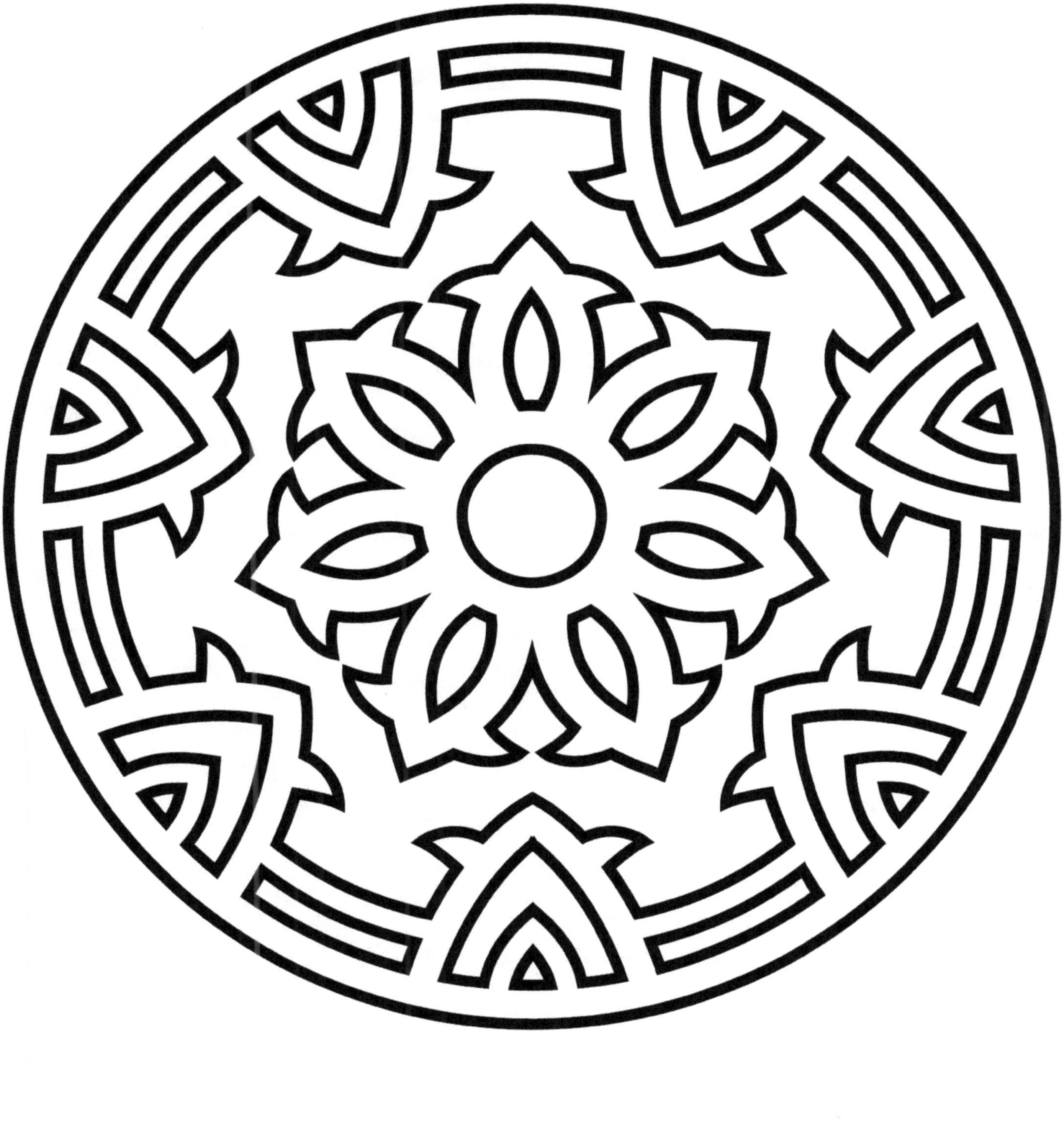

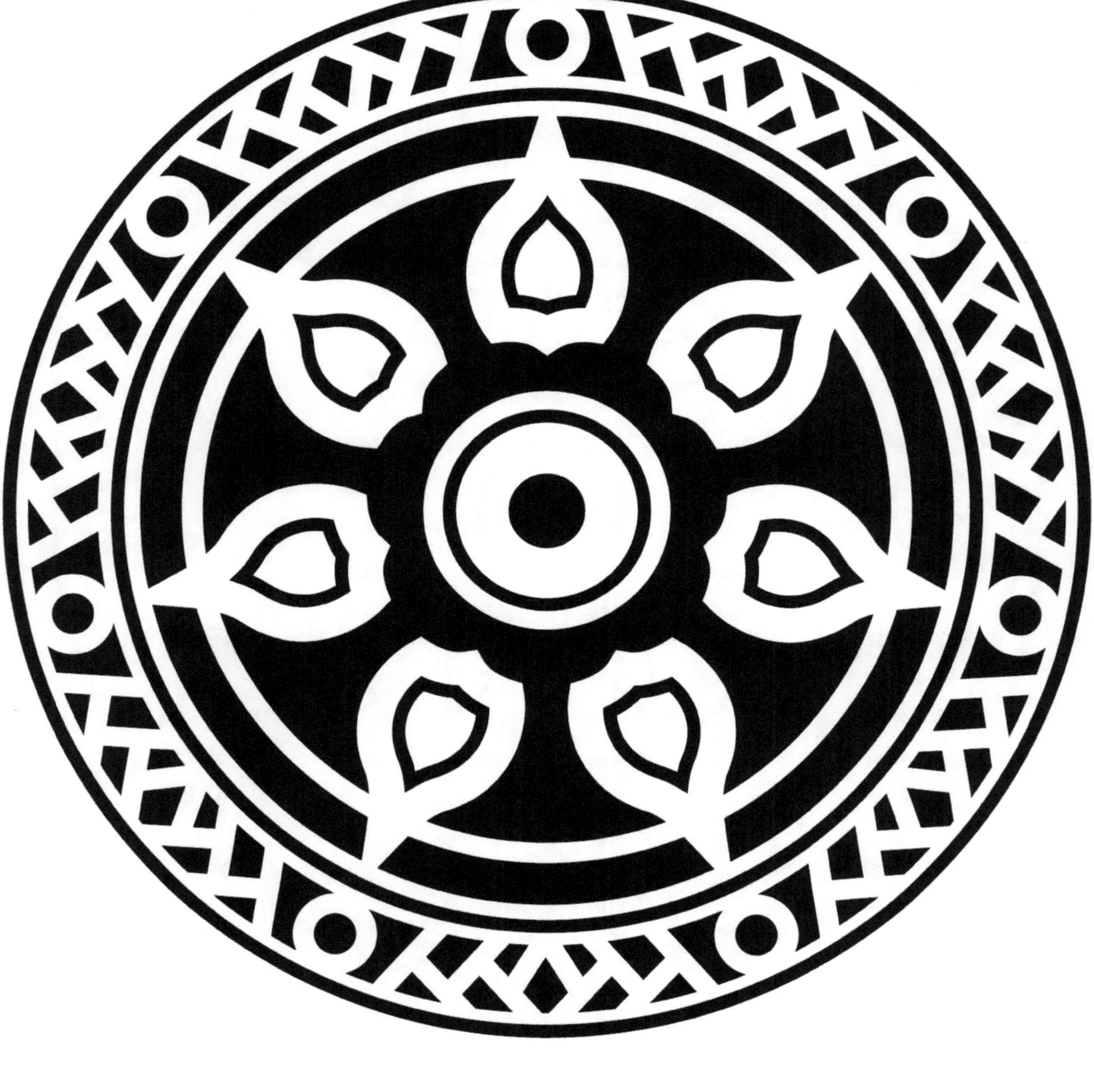

Printed in the USA
CPSIA information can be obtained
at www.ICGtesting.com
LVHW062008281124
797896LV00013B/844
* 9 7 9 8 6 5 1 5 0 1 2 7 4 *